Renato D'Auria

Io sono la Luce vostra. Mi servirò di voi per illuminare

Renato D'Auria

Io sono la Luce vostra. Mi servirò di voi per illuminare

Corso di Esercizi Spirituali

Edizioni Sant'Antonio

Cover image: www.ingimage.com

Publisher:
Edizioni Accademiche Italiane
is a trademark of
International Book Market Service Ltd., member of OmniScriptum Publishing Group
17 Meldrum Street, Beau Bassin 71504, Mauritius

Printed at: see last page
ISBN: 978-613-8-39138-8

Prefazione

Sant'Ignazio di Loyola così spiega cosa sono gli Esercizi spirituali: «*Con l'espressione "Esercizi Spirituali" s'intende qualsiasi modo di esaminare la propria coscienza, di meditare, di contemplare e di pregare oralmente e mentalmente, come anche ogni altra attività spirituale, secondo quanto si verrà esponendo*»[1].

Il lettore in queste pagine troverà una possibilità di percorso di revisione interiore. L'itinerario spirituale che il lettore è invitato a fare chiede momenti di silenzio e riflessione personale. Durante un corso di Esercizi, il protagonista principale è Dio[2], che, attraverso chi guida le meditazioni, parla al cuore di colui che si mette in ascolto e in esercizio di verifica interiore. Pertanto è fondamentale, per ottenere frutti spirituali, che chi si mette in ascolto lo faccia nel silenzio interiore ed esteriore, affinché nulla lo distragga.

Questo corso di Esercizi Spirituali è stato dettato nel 2014 ad alcune congregazioni femminili della Famiglia Paolina. Anche se il corso era destinato a persone consacrate, le meditazioni di fatto riguardano la vita di ciascun battezzato.

Per la parte esegetica di ogni meditazione si è fatto riferimento a vari commentari, tutti riportati in bibliografia, pertanto l'apparato critico è minimo, perché non è un elaborato scientifico, ma appunti ordinati e finalizzati a dare spunti per una meditazione e verifica personale. L'attualizzazione dei testi biblici nasce dalla riflessione ed esperienza personale dell'autore.

Il programma degli Esercizi prevedeva due meditazioni al giorno, ad eccezione della giornata penitenziale con una sola, e per questo motivo la Quinta meditazione è più lunga delle altre e con spunti maggiori per un esame di coscienza[3].

---

[1] S. Ignazio di Loyola, *Esercizi Spirituali*, Edizioni Comunità di Vita Cristiana, Roma 1996, 47

[2] S. Ignazio dà questa indicazione: «*A chi fa gli Esercizi gioverà molto intraprenderli con animo aperto e generoso verso il suo Creatore e Signore, offrendogli ogni proprio volere e libertà, perché la Maestà possa disporre di lui e d'ogni sua cosa, secondo la sua santissima volontà*». Op. cit., p. 50

[3] Papa Francesco, nell'omelia a Santa Marta del 04 settembre 2018, spiega l'esame di coscienza con queste parole: «[...] *è un esercizio decisivo nel nostro «combattimento spirituale» che ci porta «a*

La motivazione che ha portato alla stampa di queste meditazioni è innanzitutto quella di una condivisione semplice della fede e della esperienza di grazia vissuta e poi offrire un contributo umile per la crescita personale nella sequela di Cristo.

Ci auguriamo che il lettore possa trarne beneficio per la sua crescita interiore.

---

capire il cuore» e «il senso di Cristo»». In: *L'Osservatore Romano*, ed. quotidiana, Anno CLVIII, n.200, 05/09/2018; oppure http://www.vatican.va/content/francesco/it/cotidie/2018/documents/papa-francesco-cotidie_20180904_esame-di-coscienza.html

Introduzione

«La luce della fede: con quest'espressione, la tradizione della Chiesa ha indicato il grande dono portato da Gesù, il quale, nel Vangelo di Giovanni, così si presenta: «Io sono venuto nel mondo come luce, perché chiunque crede in me non rimanga nelle tenebre» (Gv 12,46). Anche san Paolo si esprime in questi termini: «E Dio, che disse: "Rifulga la luce dalle tenebre", rifulge nei nostri cuori» (2 Cor 4,6).»[4] (LF 1)

Con queste parole Papa Francesco apre la sua prima enciclica "Lumen Fidei", e ci esorta a ripartire proprio dalla fede per rinvigorire il nostro cammino di credenti e di testimoni del Risorto, Speranza vera di ogni uomo, e vivere nella gioia il nostro quotidiano: «*È urgente perciò recuperare il carattere di luce proprio della fede, perché quando la sua fiamma si spegne anche tutte le altre luci finiscono per perdere il loro vigore. La luce della fede possiede, infatti, un carattere singolare, essendo capace di illuminare tutta l'esistenza dell'uomo. Perché una luce sia così potente, non può procedere da noi stessi, deve venire da una fonte più originaria, deve venire, in definitiva, da Dio. La fede nasce nell'incontro con il Dio vivente, che ci chiama e ci svela il suo amore, un amore che ci precede e su cui possiamo poggiare per essere saldi e costruire la vita. Trasformati da questo amore riceviamo occhi nuovi, sperimentiamo che in esso c'è una grande promessa di pienezza e si apre a noi lo sguardo del futuro. La fede, che riceviamo da Dio come dono soprannaturale, appare come luce per la strada, luce che orienta il nostro cammino nel tempo.*» (LF 4).

In questo corso di esercizi vorrei proporvi una pista di riflessione con la quale considerare i doni di Dio nella nostra vita e ripartire da essi per un prosieguo del cammino di fede con sempre maggiore slancio apostolico, ma soprattutto sempre più grati al Signore per il dono di grazia della fede e ricolmi di gioia, che nasce dall'incontro con la Parola.

---

[4] Francesco, *Lettera Enciclica "Lumen Fidei"*, in Acta Apostolicae Sedis (AAS) 115 (2013), 555-596. Da ora in poi il Documento viene citato con LF e il numero di riferimento.

Papa Francesco ce lo ricorda nella Esortazione "Evangelii gaudium"[5]: «*La gioia del Vangelo riempie il cuore e la vita intera di coloro che si incontrano con Gesù. Coloro che si lasciano salvare da Lui sono liberati dal peccato, dalla tristezza, dal vuoto interiore, dall'isolamento. Con Gesù Cristo sempre nasce e rinasce la gioia.*» (EG 1)

Dobbiamo imparare a colorare la nostra vita e quella delle persone che incontriamo testimoniando la bellezza dell'essere cristiani e la gioia che viene dal Signore. Spesso manca proprio il colore della gioia di chi ha incontrato l'Amore di Dio e si è lasciato conquistare da esso nella vita di tante persone.

L'identità del cristiano penso sia proprio quella di donare la gioia dell'incontro avuto con Cristo, mentre molto spesso la riduciamo ad una religiosità che si contorce su sé stessa, per una pratica di precetti svuotati di valore e di amore.

Iniziamo questo corso di esercizi facendo nostro l'invito di Papa Francesco, perché lo Spirito trovi i nostri cuori aperti alla sua grazia: «Invito *ogni cristiano, in qualsiasi luogo e situazione si trovi, a rinnovare oggi stesso il suo incontro personale con Gesù Cristo o, almeno, a prendere la decisione di lasciarsi incontrare da Lui, di cercarlo ogni giorno senza sosta. Non c'è motivo per cui qualcuno possa pensare che questo invito non è per lui, perché «nessuno è escluso dalla gioia portata dal Signore».1 Chi rischia, il Signore non lo delude, e quando qualcuno fa un piccolo passo verso Gesù, scopre che Lui già aspettava il suo arrivo a braccia aperte. Questo è il momento per dire a Gesù Cristo: «Signore, mi sono lasciato ingannare, in mille maniere sono fuggito dal tuo amore, però sono qui un'altra volta per rinnovare la mia alleanza con te. Ho bisogno di te. Riscattami di nuovo Signore, accettami ancora una volta fra le tue braccia redentrici». Ci fa tanto bene tornare a Lui quando ci siamo perduti! Insisto ancora una volta: Dio non si stanca mai di perdonare, siamo noi che ci stanchiamo di chiedere la sua misericordia. Colui che ci ha invitato a perdonare «settanta volte sette» (Mt 18,22) ci dà l'esempio: Egli perdona settanta volte sette. Torna a caricarci sulle sue spalle una volta dopo l'altra. Nessuno potrà toglierci la dignità che ci conferisce questo amore infinito e*

[5] Francesco, *Esortazione Apostolica sull'annuncio del Vangelo nel mondo attuale "Evangelii Gaudium"*, in AAS 115 (2013), 1019-1137. Da ora in poi il Documento viene citato con EG e il numero di riferimento.

incrollabile. Egli ci permette di alzare la testa e ricominciare, con una tenerezza che mai ci delude e che sempre può restituirci la gioia. Non fuggiamo dalla risurrezione di Gesù, non diamoci mai per vinti, accada quel che accada. Nulla possa più della sua vita che ci spinge in avanti!» (EG 3)

Ognuno di noi è arrivato a questo corso di esercizi con un bagaglio di esperienze e un carico di fatiche. Probabilmente abbiamo accumulato nel nostro cammino molte ferite, piccole o grandi, e forse non tutte hanno trovato una autentica guarigione, ma sono state medicate sommariamente e bendate da una grande dose di fiducia in Dio. Di fatto, qualsiasi sia la condizione con la quale iniziamo questo corso di esercizi, dobbiamo avere la ferma consapevolezza che Dio ci incontra così come siamo, ci ama per quello che siamo e ci tende la mano continuando ad avere fiducia in noi. Si, Dio ha fiducia di noi! Ma noi siamo certi di aver fiducia di Lui? Siamo pronti a metterci in gioco fino in fondo?

Dio non delude mai chi si apre al suo amore! È sempre pronto a dare in abbondanza ciò di cui abbiamo realmente bisogno, chiede solo di lasciarci amare e illuminare dalla sua Verità!

Per fare questo è necessario far tacere tutto in noi e attorno a noi. Gustare il silenzio rigenerante dell'incontro con l'Amore, che chiede intimità e apertura di cuore. Disponiamoci da subito alla "resa" incondizionata all'Amore di Dio.

Arrendersi a Dio! Sia questo il punto di partenza per questo corso di esercizi!

Vogliamo ancora una volta metterci nell'atteggiamo di Maria, la Vergine dell'Ascolto, che si è arresa all'Amore e si è lasciata riempiere per donare!

Come "ouverture" di questo cammino di grazia, vorrei invitarvi a fare il punto della situazione della vostra vita. Nella preghiera personale, rileggete la vostra vita fino a questo momento e fate una breve sintesi scritta, anche per punti. È la vostra condizione di partenza! È l'offerta della vostra vita a Dio!

Non abbiamo paura di leggerci dentro! Non importa se uscirà fuori un'immagine di noi che non ci piace. Sicuramente piace a Dio, perché Lui continua a vedere in noi "l'oltre" che c'è nella nostra condizione: la sua immagine, l'immagine del suo Figlio che ci ha resi figli degni del suo Amore di Padre! È importante, però, che noi prendiamo coscienza della condizione di vita nella quale siamo: sia essa radiosa o affaticata! L'importante è che sia da noi conosciuta e accettata, perché solo allora faremo una vera esperienza dello Spirito Santo che rigenera e rinvigorisce.

Poniamo tutto nella sua misericordia e lasciamola lì per tutto il resto del cammino di questi esercizi. È la reale condizione in cui ci troviamo, ma non deve essere di ostacolo all'ascolto di Dio, perciò occorre averla presente, ma anche offrirla perché la "resa" sia incondizionata e il cuore sia aperto! Solo al termine di questo cammino, dovendo fare i propositi, riprenderemo la condizione di vita con la quale abbiamo iniziato gli esercizi in modo che i propositi non siano troppo lontani della realtà in cui viviamo, né numerosi in modo che di fatto non ne verrà attuato neanche uno. I propositi a conclusione degli esercizi devono essere pochi e facilmente attuabili e verificabili.

Prima Meditazione

Gv 8, 12-20

[12]Di nuovo Gesù parlò loro e disse: "Io sono la luce del mondo; chi segue me, non camminerà nelle tenebre, ma avrà la luce della vita". [13]Gli dissero allora i farisei: "Tu dai testimonianza di te stesso; la tua testimonianza non è vera". [14]Gesù rispose loro: "Anche se io do testimonianza di me stesso, la mia testimonianza è vera, perché so da dove sono venuto e dove vado. Voi invece non sapete da dove vengo o dove vado. [15]Voi giudicate secondo la carne; io non giudico nessuno. [16]E anche se io giudico, il mio giudizio è vero, perché non sono solo, ma io e il Padre che mi ha mandato. [17]E nella vostra Legge sta scritto che la testimonianza di due persone è vera. [18]Sono io che do testimonianza di me stesso, e anche il Padre, che mi ha mandato, dà testimonianza di me". [19]Gli dissero allora: "Dov'è tuo padre?". Rispose Gesù: "Voi non conoscete né me né il Padre mio; se conosceste me, conoscereste anche il Padre mio". [20]Gesù pronunciò queste parole nel luogo del tesoro, mentre insegnava nel tempio. E nessuno lo arrestò, perché non era ancora venuta la sua ora.

Il contesto di questo discorso è la festa delle Capanne[6], famosa per le sue luminarie, in ricordo della nube luminosa che aveva guidato gli Ebrei nell'esodo (vedi Es 13,21 "*Il Signore marciava alla loro testa di giorno con una colonna di nube, per guidarli sulla via da percorrere, e di notte con una colonna di fuoco, per far loro luce, così che potessero viaggiare giorno e notte.*"). Prendendo spunto da questa festa Gesù proclama di essere la vera luce del mondo.

Ma non è facile riconoscere Gesù come Messia, come la luce che guida nelle tenebre e conduce alla vera conoscenza del volto di Dio. I suoi ascoltatori si rifiutano di vedere in Gesù il Messia (7,32) e hanno già deciso di ucciderlo (5,18; 7,1.11.19.25).

Il proclamarsi di Gesù come luce apre alla scelta di ascoltarlo e seguirlo o di rifiutarlo. La presenza della luce comporta una scelta: si può scegliere di

[6] Per il commento esegetico si rimanda alle opere sul quarto Vangelo citate in Bibliografia.

rimanere nelle tenebre oppure di camminare nella luce della vita seguendo Gesù, che è la presenza rivelatrice e giudicante di Dio (vv. 14-20).

Il proclamarsi di Gesù come "luce del mondo", formula rivelativa, ha una duplice funzione: cristologica e soteriologica. Serve a far conoscere «l'identità di Gesù e il suo modo di essere in rapporto al Padre, ma allo stesso modo serve ad illuminare il senso specifico della sua missione in rapporto agli uomini, ad evidenziare il suo essere per l'uomo.

Gesù, in effetti, nella sua realtà divina e umana, è luce, perché, come vero Dio, è la trasparenza della rivelazione dell'essere del Padre, e, come vero uomo, è per l'umanità il riflesso terreno di questo Padre, di cui svela il volto. Gesù sottrae così Dio al suo mistero e immerge l'uomo nella luce di Dio, facendolo uscire dalla sua miserabile esistenza»[7].

La luce chiama all'esistenza; fa uscire il cosmo dal nulla; fa conoscere e gioire di tutto. La luce permette la vita, dà la vita e chiama alla vita! Vedere la luce vuol dire uscire dalle tenebre e venire alla luce. Vedere la luce permette di comprendere ogni sfumatura di colore della vita. In Gesù impariamo a conoscere e comprendere, a giudicare, a valutare e capire. È una conoscenza che apre veramente gli occhi e permette di conoscere il bene e il male: desiderio e continuo anelito dell'uomo, fin dalla creazione. È una conoscenza che ci pone nella verità perché la luce di Cristo ci inserisce nella condizione di relazione filiale con il Padre. Nel Figlio noi nasciamo alla nostra realtà di figli di Dio.

La nascita dall'alto, che Gesù indica a Nicodemo nel cap.3, è l'illuminazione di chi contempla l'amore del Padre nel Figlio, donato per la vita del mondo. In Lui veniamo alla luce come figli, che conoscono l'amore da cui vengono e di cui vivono.

Se dovessimo dare un titolo al capito 8 del vangelo di Giovanni potemmo utilizzare: «Gesù luce del mondo». Il capitolo si articola non come un dialogo tra interlocutori che cercano la verità, ma come una lotta tra la verità che si propone come luce e la menzogna che si oppone come tenebra: è l'incontro/scontro tra l'offerta e il rifiuto della vita.

---

[7] G. Zevini, *Commenti Spirituali del Nuovo Testamento. Vangelo secondo Giovanni*, vol I, Città Nuova, Roma 1987, p. 280.

Luce/mondo: con il termine "luce" il Cristo si presenta come la rivelazione salvifica, mentre il sostantivo "mondo" in Gv 8,12 è preso nella sua accezione antropologica e non cosmologica o satanica.[8]

Gesù è luce per l'uomo perché possa conoscere la verità, accoglierla e seguirla. La fatica che si registra nell'accogliere la verità è sempre riferita alla disponibilità a mettersi in discussione. In chi ascolta la Parola si scatenano le resistenze delle tenebre che vengono squarciate, perché lui stesso possa diventare luce.

Davanti alla Parola è possibile una duplice reazione: quella dei figli della luce e quella dei figli delle tenebre. Da una parte c'è ascolto, fiducia e conoscenza, con il frutto di verità, libertà e vita; dall'altra c'è rifiuto, incredulità e ignoranza, con il veleno della menzogna, della schiavitù e della morte. L'argomento del capitolo tocca l'umanità di ogni uomo, chiamato a scoprire il senso dell'esistenza, a sapere da dove viene e dove va, a conoscere e accettare la sua realtà di figlio. L'unica condizione per vivere è non tagliarsi dalla propria sorgente, ma ogni giorno lasciarsi nutrire, abbeverare, illuminare dalla Parola.

L'affermazione rivelatrice di Gesù conduce alla decisione di impegnare la propria vita per la verità.

"***chi segue me***": Normalmente Giovanni parla di "venire" a Gesù o "credere" in lui. Qui, come negli altri vangeli, si parla di seguire. La luce non è solo conoscenza intellettuale; è un cammino dietro una persona. L'impegno che "Cristo luce" chiede è di una sequela che impegna fino in fondo l'uomo ed esige la conversione di mentalità.

Gesù Luce invita ad un cammino di sequela carico di speranza.

"***avrà la luce della vita***": Il verbo al futuro indica che questa luce, che già c'è perché in essa si cammina, sarà per sempre. In Gesù è donata definitivamente all'uomo la luce interiore della sua realtà: la conoscenza di essere figlio del Padre. Gesù garantisce, a chi segue lui, di non camminare nella tenebra e di avere la luce della vita. Come facciamo a sapere se la sua affermazione è vera o falsa? Delle affermazioni scientifiche possiamo avere una verifica sperimentale; ma per ciò che riguarda i valori fondamentali

---

[8] Cfr S. A. Panimolle, *Lettura pastorale del Vangelo di Giovanni*, vol. II, EDB, Bologna 2002, p. 327-331.

dell'esistenza, che verifica abbiamo? In questo caso, vero o falso si traduce concretamente in bene o male.

Per distinguere l'uno dall'altro abbiamo due criteri, che ciascuno di noi deve imparare ad applicare, per vivere in modo sensato.

Il primo è interno a noi. Ogni uomo infatti è «programmato» per la verità, l'amore e la libertà: quando ascolta e capisce un'affermazione, dalla reazione che essa suscita in lui può vedere se corrisponde o meno a ciò che nel profondo desidera. Avverte infatti un moto di consenso o di dissenso, di chiarezza o di confusione, di pace o di inquietudine, di gioia o di tristezza. Da questi sentimenti capisce, per consonanza o dissonanza interiore, la bontà o meno di ciò che ascolta. Nessuno infatti può mentire al suo cuore. Ma la cosa non è così semplice. Infatti ognuno di noi, anche se ha il desiderio del vero e del bene, è ***schiavo della menzogna e delle abitudini cattive che ne derivano***; e di conseguenza ***sbaglia nel valutare e nell'agire***. In questo caso, però, il nostro cuore resta insoddisfatto e diviso in sé stesso, in una lotta interiore che rimane fino a quando non ci apriamo ***a ciò che siamo***. La ricerca del bene non è mortificazione dei desideri, della gioia e della felicità, ma i desideri che ciascuno porta in sé devono essere orientati a costruire il bene per sé stessi e per gli altri. L'errore che spesso si commette nel valutare e nell'agire è di dimenticare che il desiderio di Dio e il desiderio di bene per sé stessi deve portare sempre a costruire e determinare il bene per gli altri. Questo richiede di saper rinunciare ai vari personalismi di cui nessuno è mai esente: (*un esempio*) "faccio tutto per amore di Dio … però sto meglio quando ricevo la giusta considerazione per il mio darmi a Dio!"

Il secondo criterio è esterno. Comprendiamo di non camminare nella tenebra ma nella luce quando la nostra vita diventa sempre più **LUMINOSA E SENSATA**: l'esterno tende a corrispondere all'interno, ciò che si fa tende a realizzare ciò che si desidera.

Per questo è importante che ciascuno impari a leggere e discernere ciò che ogni parola ascoltata muove nel suo cuore, guardando anche il frutto che essa porta nella sua vita concreta. La verifica dei fatti è sempre importante.

La sequela del Cristo si concretizza nella vita quotidiana. La fede si vive nella storia concreta della nostra misera esistenza. *Lumen Fidei* al n. 34 afferma: «la luce della fede, in quanto unita alla verità dell'amore, non è aliena al mondo materiale, perché l'amore si vive sempre in corpo e anima; la luce della fede è luce incarnata, che procede dalla vita luminosa di Gesù».

Pensare di vivere una sequela disincarnata, fatta di momenti intimistici con il Signore Gesù tanto amato, significa dimenticare l'Incarnazione del Verbo.

Per aiutarci a verificare i fatti del nostro vivere, penso sia importante riconoscere con onestà i sentimenti che abitano nel nostro cuore e chiamarli per nome, senza paura. I frutti della vera carità devono essere visibili, in particolare il frutto della misericordia. Se dall'ascolto della Parola non cresce in noi la capacità di vivere e operare nella misericordia, ritengo che l'ascolto della Parola non parte da Dio, ma da noi stessi.

Papa Francesco nella "*Evangelii gaudium*", ricordando l'insegnamento di S. Tommaso d'Aquino, ci ricorda che «[...] ciò che conta è anzitutto «la fede che si rende operosa per mezzo della carità» (Gal 5,6). Le opere di amore al prossimo sono la manifestazione esterna più perfetta della grazia interiore dello Spirito: "L'elemento principale della nuova legge è la grazia dello Spirito Santo, che si manifesta nella fede che agisce per mezzo dell'amore". Per questo afferma (S. Tommaso) che, in quanto all'agire esteriore, la misericordia è la più grande di tutte le virtù: "La misericordia è in sé stessa la più grande delle virtù, infatti spetta ad essa donare ad altri e, quello che più conta, sollevare le miserie altrui. Ora questo è compito specialmente di chi è superiore, ecco perché si dice che è proprio di Dio usare misericordia, e in questo specialmente si manifesta la sua onnipotenza"». (n. 37)

Perciò se nutriti della Parola non riconosciamo crescere in noi sentimenti di vera misericordia, che ci spinge a sostenerci l'un l'altro, a saperci fare prossimo di chi è in necessità senza giudicare, forse occorre che proviamo veramente a verificare la nostra capacità di metterci in vero ascolto di Dio.

Il Cristo "luce del mondo" ci educa ad avere il suo stesso sguardo verso l'umanità: uno sguardo amorevole e misericordioso verso la miseria dell'uomo.

In **Gv 6,40** ascoltiamo dal Cristo: “Questa infatti è la volontà del Padre mio, che chiunque contempla il Figlio e crede in Lui, abbia la vita eterna e lo risusciti nell’ultimo giorno”.

Il dono della vita eterna e della risurrezione all’ultimo giorno è legato a una condizione: contemplare il Figlio e credere in Lui. Si tratta quindi dello sguardo contemplativo di una fede profonda, che orienta tutta l’esistenza verso la persona del Verbo incarnato e che aiuta a vivere con sapienza ogni cosa e con carità ogni relazione.

Non dobbiamo dimenticare che, se siamo chiamati a contemplare il Figlio e credere in Lui per imparare a giudicare la vita con lo sguardo di Dio, il Padre prima di invitarci a guardare gli altri, guarda noi con misericordia riconoscendo in noi il volto del Figlio obbediente e amato.

Pensando a questo sguardo di Dio carico di amore per noi, accingiamoci in questa prima giornata di esercizi a riconoscere questo sguardo che ci ha accompagnato fino ad oggi.

Un primo esercizio che vi chiedo di fare è quello di soffermarvi a ripensare a rileggere la vostra vita a partire dai vostri primi ricordi dell’infanzia, sia i ricordi belli che difficili, però non soffermandovi solo sul ricordo, ma cercando di vedere come in quei momenti Dio ha illuminato la vostra vita, quel particolare momento. Un momento importante su cui vi inviterei a soffermarvi è quello della adesione consapevole alla fede. Soffermandovi a ripensare al vostro incontro con il Cristo, valutate in particolare cosa ha suscitato in voi la decisione di camminare nella fede. È stato il primo incontro di svolta della nostra vita. In questo modo possiamo rispondere con maggiore chiarezza alla domanda: “Chi è Gesù per me?”.

Seconda Meditazione

Mt 5, 13-16

13 Voi siete il sale della terra; ma se il sale perde il sapore, con che cosa lo si
renderà salato? A null'altro serve che ad essere gettato via e calpestato dalla
gente.
14 Voi siete la luce del mondo; non può restare nascosta una città che sta sopra
un monte, 15 né si accende una lampada per metterla sotto il moggio, ma sul
candelabro, e così fa luce a tutti quelli che sono nella casa. 16 Così risplenda la
vostra luce davanti agli uomini, perché vedano le vostre opere buone e rendano
gloria al Padre vostro che è nei cieli.

Gesù ricorda ai discepoli, a cui ha appena proclamato le beatitudini, che esse non sono il modello per un individuo solitario che vuol fare un proprio percorso di perfezione morale, ma il manifesto di una nuova comunità, della famiglia di Dio radunata per il tempo della salvezza. La parola che rivolge ai suoi discepoli è, come le beatitudini, insieme promessa e impegno.

Non a caso il discorso trova l'ambientazione simbolica sul "monte". Il monte è il luogo dove il popolo fu chiamato a fare alleanza ed ora Gesù chiama i suoi ascoltatori ad essere la comunità della nuova alleanza.

La comunità dei discepoli è per la presenza di Dio resa luce della terra, città posta sul monte (cioè in luogo sicuro). Più difficile è capire l'immagine del sale. Bisogna sapere che in ogni casa non potevano mancare tre cose: un po' di farina, un orcio d'olio e il sale con cui si salavano gli alimenti per conservarli; restare senza sale era come rimanere senza speranza. La comunità dei discepoli si mantiene nella speranza per grazia di Dio e non per i meriti dei singoli.

Da questo "essere comunità" scaturisce anche un "dover essere", il compito missionario della Chiesa. *I discepoli con il loro modo di vivere e di agire dovranno essere come la trasparenza della presenza di Dio nella comunità.* Questa luce non deve illuminare solo loro, ma è destinata al mondo intero, così come il sale non serve per sé stesso, ma per conservare gli alimenti e per insaporire i cibi. La frase finale (v. 16) è particolarmente suggestiva poiché parla propriamente non di opere buone, ma di «opere belle». La comunità dovrà essere come un'icona attraverso la cui contemplazione le persone non scoprono tanto la bravura dei suoi componenti quanto la paternità di Dio, e si sentiranno anche loro persone amate.

Entriamo meglio nel testo matteano[9]. Non è questione cavillosa decidere chi sia il destinatario del Discorso della Montagna[10], che troppo spesso è stato piegato all'ideale dell'edificazione di un'anima bella ma avulsa dalla storia, separata dagli altri proprio per raggiungere il proprio vertice morale. Al contrario, Gesù si rivolge qui non solo ad un "tu" – come farà nei capitoli seguenti, a partire dai tre pilastri del mondo (preghiera, elemosina, digiuno), alternando al "voi" il "tu" –, bensì ad un "voi". Ciò non toglie il valore della singola persona, ma pone l'accento su quella comunità che, proprio grazie all'alleanza, può diventare un segno di speranza per tutta l'umanità.

Non a caso questo "voi" comincia ad apparire già nell'ultima beatitudine (Mt 5,11-12). La nona beatitudine è infatti rivolta ai discepoli, che vengono inseriti in una storia nella quale essi prendono il posto di successori dei profeti, e perciò devono anche aspettarsi incomprensione e persecuzione. Ne segue che la comunità dei discepoli è chiamata a diventare comunità profetica, mediatrice della verità di Gesù nel mondo.

Il cristiano, quindi, non è l'eroe solitario, che applica con forte volontarismo le massime di perfezione, ma può sperimentare la verità delle Beatitudini e la praticabilità del DM soltanto vivendo nella comunità e non da solo! Il cristiano è chiamato a vivere il DM nello spirito che anche Paolo propone in Gal 6,2, allorché esorta i suoi fedeli: «Portate i pesi gli uni degli altri e così adempirete la legge di Cristo».

Per vivere autenticamente le Beatitudini e l'intero DM è necessario che si costituisca una comunità, la quale lo assume come suo statuto – quasi una

[9] Per il commento si è fatto riferimento a commentari sul Vangelo di Matteo riportati in bibliografia. In particolare: S. Fausti, *Una comunità legge il Vangelo di Matteo*, EDB, Bologna 2001; R. Schnackenburg, *Tutto è possibile a chi crede. Discorso della Montagna e Padrenostro nell'intenzione di Gesù*, Paideia, Brescia 1989.

[10] "Discorso della Montagna" da ora in poi DM

"*Magna Charta*" del Regno –, come base per i suoi rapporti quotidiani, quale farmaco con cui superare le tensioni interne ed esterne.

Inoltre occorre tener presente che il brano di Mt 5,13-16 è formulato in modo del tutto originale. I detti sul sale e sulla lampada si trovano pure in Marco e in Luca (Mc 4,21; 9,50; Lc 8,16; 11,33; 14,34-35). Però queste piccole parabole sul sale e sulla lampada nei vangeli di Luca e di Marco s'iscrivono in un contesto ben diverso, e hanno una funzione assai dissimile da quella del Discorso della Montagna. Qui in Mt 5 le immagini del sale e della lampada si riferiscono all'essere discepoli coerenti e alla missione confidata alla comunità.

Riflettere su queste immagini ci aiuterà, quindi, a riflettere sulla nostra identità di battezzati. La missione non è prerogativa del consacrato, ma è identità di ogni battezzato, che nel suo specifico impegno di responsabilità lo esplicita nella diversità di ministeri e carismi.

Prima diamo un piccolo sguardo alla struttura del testo, annotando semplicemente che il brano di *Mt 5,13-16* è strutturato in due parti parallele, contrassegnate dal rivolgersi direttamente ai destinatari: «*Voi siete*...». Ogni parte ha delle metafore dominanti: nella prima appaiono quelle del sale e della lampada; nella seconda parte quella della città posta sul monte. In entrambe le parti si rileva o una parabola o un detto proverbiale, che hanno il compito di illustrare la rispetti-va metafora. Il tutto sfocia nella conclusione esortativa, caratterizzata dall'essere introdotta dall'avv.erbio *così*.

Il simbolo del sale

La prima immagine propostaci è quella del sale; si deve notare che il testo è giustamente tradotto all'indicativo e non all'imperativo; non c'è infatti «voi **"siate"** (il sale, la luce)», bensì «voi **"siete"**». L'indicativo dice chiaramente l'anteriorità del dono di Dio, della sua iniziativa d'amore – la medesima che fonda la verità delle Beatitudini –, che costituisce la comunità quale sale, quale luce, quale città sul monte. Il brano evangelico ha, dunque, un chiaro carattere propositivo e insieme esortativo e ha come destinatari quei discepoli che si sono raccolti intorno a Gesù, per ascoltare da vicino la sua parola e, in definitiva, per conoscere così il suo cuore.

Le dichiarazioni di Gesù s'imperniano attorno a due affermazioni, con due immagini: «Voi siete il sale della terra...Voi siete la luce del mondo» (vv.

13.14). A queste due immagini seguono degli sviluppi che illustrano la loro portata, mettendo in rilievo **IL RUOLO DI TESTIMONIANZA PUBBLICA**, che la comunità dei discepoli deve avere rispetto al mondo (la lampada sul lucerniere e, soprattutto, la città sul monte). La diversità tra le immagini del sale e quella della luce non deve trarre in inganno, poiché l'evangelista, attraverso la struttura del parallelismo, le integra tra loro, ottenendo un effetto di approfondimento progressivo del suo messaggio.

Gesù presenta la metafora del sale con il paradosso del perdere sapore: come può essere possibile che esso diventi scipito? A questa domanda si può rispondere comprendendo il significato del sale nel contesto biblico.

L'ambiente giudaico s'iscrive in un mondo nel quale il "sale", grazie alla sua proprietà di conservare i cibi e di dare loro sapore, era considerato **detentore di una particolare forza vitale**. Un altro uso del sale, comune alle varie culture mediterranee, era quello per la **purificazione,** per la **disinfezione**. Collegato a ciò non era difficile passare all'uso **apotropaico** del sale, ossia ad un suo impiego contro minacce più o meno conosciute, e perciò molto temute; ecco che a Roma vigeva l'uso di spargere il sale sulle labbra dei neonati per proteggerli dai pericoli.

L'associazione del sale all'idea di durata, di qualcosa che mantiene in vita, appunto perché conserva si esprime esplicitamente Sir 39,26: «Le cose di prima necessità per la vita dell'uomo sono: acqua, fuoco, ferro, sale…».

In questa direzione va cercata verosimilmente la prescrizione mosaica di offrire sale in tutti i sacrifici, come afferma Lv 2,13: «*Dovrai salare ogni tua offerta di oblazione: nella tua oblazione non lascerai mancare il sale dell'alleanza del tuo Dio; sopra ogni tua offerta offrirai del sale*». Allo stesso modo Ezechiele dichiara che, nella nuova Gerusalemme, gli animali offerti in olocausto dovranno es-sere cosparsi di sale (Ez 43,24).

Il simbolismo della durata, della conservazione in vita, della protezione dalle minacce, spiega come il sale del sacrificio sia appunto simbolo di un'alleanza stabile, non defettibile: «*Io do a te, ai tuoi figli e alle tue figlie con te, per legge perenne, tutte le offerte di cose sante che gli Israeliti presenteranno al Signore con il rito dell'elevazione. È un'alleanza inviolabile (in ebraico letteralmente: "di sale"), perenne, davanti al Signore, per te e per la tua discendenza con te*»

(Nm 18,19). Come si vede, il sale è qui simbolo dell'alleanza irrevocabile perché fondata nella fedeltà divina. Come connesso all'uso del sale quale purificatore, deve essere letto l'episodio del profeta Eliseo, che risanò mediante il sale l'acqua cattiva, causa di morte e di sterilità (2Re 2,19-22).

L'aspetto della durata si coniuga con la simbolizzazione dell'irreversibilità della maledizione divina. Perciò, nell'Antico Testamento il sale è impiegato anche negli anatemi contro le città conquistate (Gdc 9,45: "*Abimèlec combatté contro la città tutto quel giorno, la prese e uccise il popolo che vi si trovava; poi distrusse la città e la cosparse di sale.*") e la minaccia per la trasgressione dell'alleanza è quella di una terra resa infeconda dallo zolfo e dal sale (Dt 29,22: "*Tutta la sua terra sarà zolfo, sale, arsura, non sarà seminata e non germoglierà, né erba di sorta vi crescerà, come dopo lo sconvolgimento di Sòdoma, di Gomorra, di Adma e di Seboìm, distrutte dalla sua ira e dal suo furore.*").

Nel Nuovo testamento, oltre che in Col 4,6, il sale appare soltanto nella tradizione sinottica. Nella lettera ai Colossesi il sale è usato a motivo del suo significato elementare di condimento, e con questo si vuole indicare che il discorso cristiano deve essere pieno di forza, saporoso, e perciò convincente.

Il testo di Marco sul sale è insieme incisivo ed enigmatico: «*Perché ciascuno sarà salato con il fuoco. Buona cosa il sale; ma se il sale diventa senza sapore, con che cosa lo salerete? Abbiate sale in voi stessi e siate in pace gli uni con gli altri*» (Mc 9,49-50). Il "fuoco che sala" è il giudizio purificatore sulla comunità, che viene richiamata ad avere uno stile coerente con l'evangelo e a dover essere pronta alla pace. In Luca il detto sul sale segue una serie di istruzioni sulla sequela e suona così: «*Il sale è buono, ma se anche il sale perdesse il sapore, con che cosa lo si salerà? Non serve né per la terra né per il concime e così lo buttano via. Chi ha orecchi per intendere, intenda*» (Lc 14,34-35). Secondo vari interpreti, questo loghion (= "detto") lucano è il più vicino alla formulazione originaria di Gesù, con l'osservazione che il sale è buono, cioè prezioso, importante. Anche questo detto prevede l'impossibile possibilità che il sale diventi scipito, cioè qualcosa di assurdo. Luca però non esibisce ulteriori esemplificazioni pratiche, ma cerca di ottenere dai discepoli un atteggiamento di vigilanza, un comportamento più fruttuoso.

Cosa significa “essere sale”, che Gesù dichiara essere l’identità vera della comunità dei suoi discepoli?

Una prima risposta è certamente che come il sale è necessario e indispensabile nell’alimentazione quotidiana, così i discepoli hanno nel mondo la funzione unica e necessaria. Pertanto i cristiani devono penetrare nella società umana così come il sale negli alimenti, e perciò sapersi adeguare alle varie situazioni e culture. Se consideriamo quanto sia importante per una massaia avere un mucchietto di sale in casa come bene prezioso ed insostituibile, i discepoli di Gesù devono apparire come una riserva di speranza per il mondo intero. La loro presenza deve portare nel mondo la fiduciosa certezza che anche le situazioni più difficili possono essere visitate da Dio e che la verità delle Beatitudini non è un’utopia, ma un’esperienza realmente accessibile a chi si apre alla fede. In questo senso i cristiani sono chiamati ad essere come “sale”, cioè qualcosa che respinge le forze della morte e segnala la fedeltà di Dio sulla vita di questo mondo: essere portatori di Speranza!

Occorre però fare attenzione che il testo matteano non si limita a dire “voi siete il sale”, bensì “voi siete il sale della terra”. Qui però “terra” (ghê) non significa “suolo”, ma è un semitismo che sta per il sinonimo “mondo” (kosmos), poiché il termine “mondo”, inteso in senso di umanità, è quello che appare nella metafora parallela, sulla luce del mondo appunto.

Il perdere sapore – che è possibile perché il metodo con cui si ricavava il sale nel mondo antico era imperfetto, e perciò poteva venire una commistione di sale puro con altro materiale che ne pregiudicava, in misura rilevante, il sapore tanto da potersi guastare – esprime plasticamente la contraddittorietà di una vita cristiana incapace di testimonianza.

Come può accadere che una comunità perda sapore, tanto da aspettarsi il giudizio divino, suggerito in quell’*essere gettato via e calpestato*?

Quando la comunità non vive lo stato delle Beatitudini, è priva di quella gioia e di quella autenticità che la possono rendere sale saporoso per il mondo, speranza per l’umanità, pienezza dell’offerta dell’uomo a Dio (cfr. il simbolismo cultuale del sale), forza contro le minacce del male, segno visibile dell’Alleanza: in questo modo perde sapore e non è più testimone di Dio.

Essere "luce"

La seconda immagine è quella della luce.

L'immagine della luce è già apparsa nel vangelo di Matteo nel racconto della visita dei Magi e, in quel caso, indicava la rivelazione divina, che passa attraverso la creazione e guida la ricerca umana di Dio. Successivamente, attraverso una citazione di Is 9,1-2, l'inizio dell'attività pubblica di Gesù in Galilea era paragonato all'irrompere della luce nelle tenebre (cfr. Mt 4,12-17).

Per Matteo i discepoli formano questa comunità messianica, rivestita della luce del suo Dio, perché la sua identità profonda è la comunione con Gesù. Confrontando i paralleli sinottici del detto sulla luce (cfr. Mc 4,21; Lc 8,16) si vede che la luce è Gesù stesso e la sua parola seminata in noi. Matteo giunge ad avere l'ardire di chiamare i cristiani stessi "luce", non perché si illuda su di loro e non ne conosca la meschinità, o perché coltivi l'ideale di una Chiesa come una comunità di puri e di perfetti; piuttosto, essi sono luce poiché la parola di Cristo li raggiunge e li riveste. Questo deve essere ribadito per evitare ogni lettura trionfalistica, che faccia della Chiesa una sorgente di luce autonoma. Se essa è luce, è perché riflette quella della parola di Dio, e perché Colui che è luce del mondo vi dimora.

Nessun trionfalismo, nessun perfezionismo, ma un ascolto serio della Parola e carico di disponibilità per essere faro per il mondo in cerca di speranza e di gioia.

La metafora della luce è spiegata con la metafora della città posta sul monte, che perciò non può restare nascosta, e con quella della lucerna, che non viene collocata sotto il moggio, cioè sotto un secchio, bensì sul lucerniere affinché illumini tutti coloro che si trovano nella casa.

Cerchiamo di esplicitare il significato di queste affermazioni che non sono però del tutto coincidenti e sovrapponibili. Infatti, la città sul monte dice più direttamente ciò che deve essere la Chiesa, posta come segno di orientamento per l'umanità. L'immagine della lucerna fa pensare al compito della Chiesa, che non è quello di presentare sé stessa come luce, bensì quello di porre sul candelabro la parola di Dio, che le è stata donata ed affidata. Mettere la lucerna sotto il moggio significa toglierle ossigeno, spegnerla. In tal caso abbiamo una comunità che non si nutre più all'ascolto della parola di Dio e che, con una vita incoerente, soffoca la Parola seminata in essa.

Porre la lucerna sul lucerniere è invece aumentare la portata della luminosità, perché tutti gli ambienti della casa siano in qualche modo rischiarati, come appunto avv.eniva nelle abitazioni della gente comune, all'epoca di Gesù, in cui era accesa soltanto una lampada. La comunità deve perciò preoccuparsi che tutti gli aspetti del suo vivere siano illuminati dal riferimento alla Parola. Ci sembra dunque che la missione della Chiesa sia presentata qui, mediante l'immagine della lucerna, non solo nel suo aspetto *ad extra* (come suggerisce la figura della città sul monte), ma anche *ad intra* ossia nei confronti dei propri membri.

Questo ci chiede di farci due domande:

1. Quanto la Parola è luce per la vita sia personale che comunitaria?

2. La vita personale e comunitaria che voce dà alla Parola: è una voce coerente o dissonante?

L'immagine della città in Matteo ci permette ancora una riflessione. Matteo parla semplicemente di una città, evita di usare l'articolo determinativo ("la città"), forse perché, in quel caso, si sarebbe prospettata la sostituzione della Chiesa a Gerusalemme, e questo non sembra essere l'intento del primo evangelista. Per Matteo, quindi, la comunità cristiana deve essere una modalità di convivenza umana di alto profilo, la cui visibilità è appunto la giustizia, la libertà, la verità nei rapporti fraterni. In tal modo potrà essere come la città posta sul monte, cioè un riferimento sicuro nel cammino incerto della storia.

Da questa ultima immagine penso possiamo trarre molti stimoli per la personale verifica. Per ulteriori approfondimenti vi rimando alle tante espressioni forti di Papa Francesco sulla identità della Chiesa. Una in particolare è quella espressa in Evangelii Gaudium:

[…] preferisco una Chiesa accidentata, ferita e sporca per essere uscita per le strade, piuttosto che una Chiesa malata per la chiusura e la comodità di aggrapparsi alle proprie sicurezze. Non voglio una Chiesa preoccupata di essere il centro e che finisce rinchiusa in un groviglio di ossessioni e procedimenti. Se qualcosa deve santamente inquietarci e preoccupare la nostra coscienza è che tanti nostri fratelli vivono senza la forza, la luce e la consolazione dell'amicizia con Gesù Cristo, senza una comunità di fede che li accolga, senza un orizzonte di senso e di vita. Più della paura di sbagliare spero che ci muova la paura di rinchiuderci nelle strutture che ci danno una falsa protezione, nelle norme che ci trasformano in giudici implacabili, nelle abitudini in cui ci sentiamo tranquilli, mentre fuori c'è una moltitudine affamata e Gesù ci ripete senza sosta: «Voi stessi date loro da mangiare» (Mc 6,37). (EG 49)

L'ultimo versetto del brano matteano chiarisce il senso dei versetti precedenti, e mostra quale sia il vero splendore della comunità dei discepoli: «*Così risplenda la vostra luce davanti agli uomini, perché vedano le vostre opere buone* (letteralmente "belle") *e rendano gloria al vostro Padre che è nei cieli*» (Mt 5,16).

Le "opere", nel linguaggio religioso del giudaismo, sono la realizzazione dell'obbedienza alla Legge, ma qui, in Matteo, le opere sono indice di quello stile di vita su cui sono stati pronunciate le Beatitudini.

Mettendo le espressioni una accanto all'altra, potremmo dire che l'espressione "opere belle" del v. 16 corrisponde alla pratica della "giustizia superiore" di Mt 5,20 e 6,1 (che letteralmente parla di "un fare la giustizia"), nonché ai "buoni frutti" prodotti dall'albero buono di Mt 7,18 e infine al "fare la volontà del Padre" di Mt 7,21.

Le opere belle di cui qui si parla, comprendono certamente anche la cura per il "bello", l'armonioso, l'ordinato, ma soprattutto la cura per ciò che è vero, e cioè lascia trasparire la bellezza del Dio che si è rivelato in Cristo.

Qui Gesù, chiedendo ai discepoli di compiere opere belle, vuole che essi, mediante la loro vita, facciano sentire all'umanità il mistero della presenza e dell'azione trasformante di Dio in loro. Dal discepolo deve emanare una luce che non ferma l'attenzione degli altri su di lui, bensì li conduce alla sorgente della luce, e precisamente a Dio stesso o, meglio ancora, al Padre. Questa richiesta potrebbe essere fraintesa, se venisse letta come l'invito a ricercare la popolarità, l'ammirazione, il trionfo della Chiesa. Al contrario, il passo deve essere compreso in relazione a quanto viene insegnato in Mt 6,1-18, là dove si raccomanda insistentemente di praticare la giustizia, e cioè di dare corpo alle tre colonne del mondo – elemosina, preghiera e digiuno – non per essere ammirati e lodati dagli uomini, ma per rendere gloria al Padre che vede nel segreto e discerne le autentiche motivazioni.

Per una ulteriore riflessione spirituale, oltre ai tanti stimoli che lo Spirito susciterà nei cuori dopo la meditazione del testo biblico, vorrei indicare una pista di verifica personale:

Chi vede ed incontra me, incontra Dio? Nel mio amare, vivere, agire rendo gloria al Padre o piuttosto alla mia persona?

Fil 2, 12-18

12Quindi, miei cari, voi che siete stati sempre obbedienti, non solo quando ero presente ma molto più ora che sono lontano, dedicatevi alla vostra salvezza con rispetto e timore. 13È Dio infatti che suscita in voi il volere e l'operare secondo il suo disegno d'amore. 14Fate tutto senza mormorare e senza esitare, 15per essere irreprensibili e puri, figli di Dio innocenti in mezzo a una generazione malvagia e perversa. In mezzo a loro voi risplendete come astri nel mondo, 16tenendo salda la parola di vita. Così nel giorno di Cristo io potrò vantarmi di non aver corso invano, né invano aver faticato. 17Ma, anche se io devo essere versato sul sacrificio e sull'offerta della vostra fede, sono contento e ne godo con tutti voi. 18Allo stesso modo anche voi godetene e rallegratevi con me.

Qual è il costitutivo del battezzato? **L'OBBEDIENZA**!

Cristo è l'obbediente (*kypekoos*)[11]: noi che siamo stati innestati in Lui e resi figli nel Figlio, siamo chiamati ad essere obbedienti, realizzando questo proprio nella sequela del Cristo. Paolo in questo brano della lettera, che è subito dopo il famoso inno cristologico, riprende l'esortazione ai Filippesi che appunto richiama ciò che nell'inno ha proclamato del Cristo: "[...] *Dall'aspetto riconosciuto come uomo, umiliò sé stesso facendosi obbediente fino alla morte e a una morte di croce*" (Fil 2, 7-8).

L'obbedienza della comunità è la condizione che permette a Paolo di poter continuare l'esortazione a perseverare nella buona disposizione che già hanno e ad operare per la loro salvezza. L'operare è proprio della fede, che per Paolo sappiamo non è operare nella Legge, ma nella Grazia cioè nella fedeltà al vangelo nella vera carità: operare facendo la verità nella carità (Ef 4,15 "*Al contrario, agendo secondo verità nella carità, cerchiamo di crescere in ogni cosa tendendo a lui, che è il capo, Cristo*").

[11] Per il commento esegetico vedi opere citate in bibliografia sulle Lettere di San Paolo.

Questa obbedienza rivolta al Signore opera la nostra salvezza; è il modo concreto con cui noi realizziamo l'opera della salvezza compiuta da Gesù Cristo. Ha fatto tutto lui, ha già fatto tutto lui, a noi che cosa resta? Resta da fare tutto! Visto che ha già fatto tutto lui, dobbiamo fare tutto noi.

Vivere nell'obbedienza significa operare, come dice Paolo, con "*rispetto e timore*" ("*timore e tremore*" – precedente traduzione), che sono atteggiamenti propri di chi sa riconoscere la presenza operante di Dio nella storia e nella sua vita e con umiltà si pone al servizio. Non siamo obbedienti, quindi, per le nostre buone opere, ma perché sappiamo essere attenti alla presenza di Dio, se cerchiamo sempre di compiere la sua volontà con un sano discernimento[12].

«***Con timore e tremore***». È una espressione importante che è stata utilizzata anche da un filosofo religioso, Kierkegaard[13], come titolo di un suo libro: *Timore e tremore*, indica l'atteggiamento di **riverenza e sottomissione**. Non significa paura, significa profondo rispetto, considerazione per il Signore. È l'atteggiamento di Abramo che – con timore e tremore – obbedisce al Signore ed è disposto a sacrificare il figlio, perché dà peso a Dio, lo considera, lo prende sul serio. ***Il timore e il tremore indicano la consapevolezza della potenza di Dio, della sua grandezza, della sua signoria***.

Al v. 13 Paolo dice con forza che l'origine dell'operare è di Dio e quando l'uomo accoglie l'opera di Dio vive nella piena obbedienza e raggiunge la salvezza in Cristo.

Paolo esprime con chiarezza il concetto fondamentale dell'operare nella fede: né l'uomo da solo opera il bene, né Dio da solo agisce nell'uomo, ma esiste una sinergia tra il volere dell'uomo ed il beneplacito divino. Occorre quindi tenere viva questa sinergia coltivando una relazione con Dio che sia sempre nella comprensione della verità per attuarla in piena carità.

Devi agire convinto che tutto dipende da Dio, ma devi impegnarti sapendo che tutto dipende da te. È un altro discorso di riequilibrio e di completezza: uno solo di questi atteggiamenti è parziale e distorto. Se faccio tutto io sbaglio, se lascio fare tutto al Signore sbaglio; **ci vogliono tutti e due gli atteggiamenti**: la

[12] Papa Francesco ci parla del discernimento nella sua ultima Esortazione Apostolica "*Gaudete et exsultate*" ai numeri 166-177. Per approfondire il tema del discernimento si rimanda agli studi citati più avanti alla nota 24.

[13] S. Kierkegaard, *Timore e tremore*, in Opere, vol. I, PIEMME, Casale Monferrato 1995, 188-297

convinzione che fa il Signore e l'impegno che devo fare io, perché la grazia che il Signore mi ha dato io devo usarla. Mi ha dato l'esempio, mi ha dato la forza di imitarlo: bene! Adesso io opero la mia salvezza obbedendo al Signore.

Da questo primo importante dato possiamo subito trovare un primo punto di lavoro interiore per questa giornata: ***come vivo la mia relazione con Dio? Posso affermare in serenità di coscienza che c'è sinergia tra il mio volere e il beneplacito di Dio?***

Certo non è facile comprendere se viviamo in modo onesto questa sinergia, perché sappiamo bene che spesso non basta il buon proposito o il desiderio di bene per operare nella volontà di Dio ed essere fedeli al suo "*disegno d'amore*". Tante difficoltà, tanti ostacoli che riscontriamo in noi, negli altri e nelle varie circostanze della vita che ci costringono a volte a fare diversamente da come vorremmo e desidereremmo.

Paolo, nella seconda parte del passo, ci offre alcuni criteri fondamentali per conservarci nella piena sinergia con Dio.

Innanzitutto evitando due atteggiamenti negativi, che appartengono al credente di sempre: la **mormorazione** (*goggysmos*) e la **discussione** (*dialogismos*) [tradotto da CEI 2008: "*senza esitare*"].

La **mormorazione** probabilmente sottende l'immagine degli israeliti nel deserto che mormorarono contro Mosè; il fatto che, nel v. 1, vi sia la citazione di Dt 32, 5 ("*Prevaricano contro di lui: non sono suoi figli, per le loro macchie, generazione tortuosa e perversa*") che descrive il comportamento degli israeliti, rafforza quest'interpretazione.

L'ammonimento contro la discussione ha piuttosto di mira l'accanirsi su divergenze di opinioni, che creano tensione nella comunità. Lo scopo dell'esortazione è di invitare i Filippesi ad essere «senza critiche e senza contaminazione, figli di Dio senza difetto».

La mormorazione, il più delle volte nascosta dietro a tante buone intenzioni, come voler fare del bene denunciando cose e situazioni che sembrano essere non secondo verità e carità, di fatto preclude a compiere la volontà di Dio, perché non ci ingabbia in giudizi e orienta, se non determina, a chiusure di cuore.

Papa Francesco più volte ha esortato ad evitare la mormorazione e dei cristiani che cadono in questo vizio afferma: "*non camminano alla presenza di*

Dio, non hanno il conforto dello Spirito Santo, non fanno crescere la Chiesa. Sono cristiani soltanto di buon senso: prendono le distanze. Cristiani, per così dire, satelliti, che hanno una piccola Chiesa, a propria misura. Per dirlo con le parole proprie di Gesù nell'Apocalisse, cristiani tiepidi" (Omelia del 20 aprile 2013).

Sono parole dure, ma vere! La mormorazione spegne in noi la luce di Dio; ci toglie sapore e ci rende incapaci di testimonianza.

San Pio da Pietrelcina dà questa definizione: "*La mormorazione è un vizio volontario che fa morire la carità*".

Le "**discussioni**" sono sempre presentate nella Bibbia in senso cattivo e riguardano i ragionamenti contro Dio. "Si son dati a vani ragionamenti e il loro cuore privo d'intelligenza si è ottenebrato" (*Rm* 1,21). "Dov'è il sapiente? Dov'è lo scriba? Dov'è il contestatore di questo secolo? Non ha forse Dio reso pazza la sapienza di questo mondo?". – *1Cor* 1,20.

Quante discussioni su argomenti inutili, quanti ragionamenti che poco hanno a che fare con il Vangelo, quanti discorsi inutili rattristano il nostro cuore e rallentano il nostro cammino. Se fossimo un po' più attenti e vigilanti sul contenuto dei nostri ragionamenti penso che molte cose sarebbero migliori sia nei nostri cuori, che nelle relazioni.

Dovendo darci un'indicazione di metodo, S. Paolo direbbe a noi oggi: "È inutile che vi lamentate che il mondo va male, datevi da fare per farlo andare bene; è inutile che vi lamentate che le persone non vanno più in chiesa e pregano poco, vivete bene, andate in chiesa, pregate di più; è inutile che vi lamentate che si comportano male, fate vedere come è bello vivere bene e comportarsi secondo vangelo".

S. Paolo ci presenta una comunità immersa in una generazione "sviata e perversa" in cui i Filippesi sono chiamati a "risplendete come astri nel mondo", come punti di riferimento per la società in cui vivono: separati dalla realtà pagana, ma con l'impegno di illuminarla.

I credenti sono "come astri nel mondo" (v. 15), luminosi con il loro esempio. Anche se imperfetti, sono pur sempre – anche ora, nella loro imperfezione – una luce per il mondo: "*Risplendete*" (v. 15), al presente. "Voi siete [ora, al presente] la luce del mondo" (Mt 5,14). Paolo incita i credenti a risplendere sempre di più.

Paolo ci ricorda che ciò che conferisce splendore alla comunità dei credenti è la "**parola di vita**", che deve essere tenuta "**salda**".

Per comprendere questa idea della parola che dà la vita occorre riferirsi ad altri passi: "*La Parola era con Dio, e la Parola era Dio*" (Gv 1,1), "*Le parole che vi ho dette sono spirito e vita*" (Gv 6,63), "*Siete stati rigenerati non da seme corruttibile, ma incorruttibile, cioè mediante la parola vivente e permanente di Dio*" (1Pt 1,23). Il centro di questa parola (che il mondo non possiede) è Yeshùa che dà la vita: "*Io sono la via, la verità e la vita; nessuno viene al Padre se non per mezzo di me*" (Gv 14,6). Questa parola si possiede per fede. Quando essa è comunicata, rende l'acqua battesimale un'acqua di rinascita mediante lo Spirito Santo: "*Cristo ha amato la chiesa e ha dato sé stesso per lei, per santificarla dopo averla purificata lavandola con l'acqua della parola*" (Ef 5,25-26), "*Egli ci ha salvati non per opere giuste da noi compiute, ma per la sua misericordia, mediante il bagno della rigenerazione e del rinnovamento dello Spirito Santo*". – Tito 2,5.

Agli atteggiamenti negativi nei rapporti interpersonali ("mormorazioni e discussioni") viene qui contrapposto un altro uso della parola: quello della evangelizzazione, la cui conseguenza è la vita di chi riceve l'annuncio kerigmatico.

Le tante chiacchiere che facciamo nella nostra giornata devono essere cariche di annuncio della salvezza, della speranza che viene dal Cristo risorto e della carità che sostiene l'uomo nella fatica del vivere quotidiano.

Papa Francesco ci ricorda che una forma di evangelizzazione, che non dobbiamo mai dimenticare, è quella "***da persona a persona***":

«Ora che la Chiesa desidera vivere un profondo rinnovamento missionario, c'è una forma di predicazione che compete a tutti noi come impegno quotidiano. Si tratta di portare il Vangelo alle persone con cui ciascuno ha a che fare, tanto ai più vicini quanto agli sconosciuti. È la predicazione informale che si può realizzare durante una conversazione ed è anche quella che attua un missionario quando visita una casa. Essere discepolo significa **avere la disposizione permanente di portare agli altri l'amore di Gesù e questo avviene spontaneamente in qualsiasi luogo, nella via, nella piazza, al lavoro, in una strada**.» (EG 127)

Questa forma di evangelizzazione, ricorda il Papa, si svolge in alcuni momenti: «In questa predicazione, sempre rispettosa e gentile, il primo momento consiste in un dialogo personale, in cui l'altra persona si esprime e condivide le sue gioie, le sue speranze, le preoccupazioni per i suoi cari e tante cose che riempiono il suo cuore. Solo dopo tale conversazione è possibile presentare la Parola, sia con la lettura di qualche passo della Scrittura o in modo narrativo, ma sempre ricordando l'annuncio fondamentale: l'amore personale di Dio che si è fatto uomo, ha dato sé stesso per noi e, vivente, offre la sua salvezza e la sua amicizia. [...] A volte si esprime in maniera più diretta, altre volte attraverso una testimonianza personale, un racconto, un gesto, o la forma che lo stesso Spirito Santo può suscitare in una circostanza concreta. Se sembra prudente e se vi sono le condizioni, è bene che questo incontro fraterno e missionario si concluda con una breve preghiera, che si colleghi alle preoccupazioni che la persona ha manifestato». (EG 128)

Il Papa precisa in modo forte cos'è l'annuncio evangelico: «Non si deve pensare che l'annuncio evangelico sia da trasmettere sempre con determinate formule stabilite, o con parole precise che esprimano un contenuto assolutamente invariabile. Si trasmette in forme così diverse che sarebbe impossibile descriverle o catalogarle, e nelle quali il Popolo di Dio, con i suoi innumerevoli gesti e segni, è soggetto collettivo». (EV 129)

Questa ultima affermazione ci aiuta a comprendere che è sempre importante metterci in ascolto della realtà nella quale viviamo, senza pregiudizi e senza paura, ma con una chiara consapevolezza che siamo solo strumenti e per essere coloro che portano luce dobbiamo restare uniti a Cristo Luce del mondo!

S. Paolo questo concetto lo esprime chiaramente nella terza parte del passo (vv. 16c-18), in cui riporta l'attenzione dei Filippesi alla sua attività, che non è stata "**invano**". Il ***correre*** ("*Io potrò vantarmi di non aver corso invano*", v. 16 secondo la nuova traduzione CEI) è una delle immagini sportive usate da Paolo (ricorre anche in 3, 12). La traduzione "***invano***" inganna, in quanto nel testo non significa "*vanamente*". Il greco εἰς κενὸν (èis kenòn), tradotto "invano", significa letteralmente "*verso nulla*", "*verso [il] vuoto*". Implica il *faticare seriamente* per poi trovarsi con le mani vuote. Quindi Paolo afferma con forza che la sua attività trova il suo frutto nelle opere delle comunità da lui fondate, in particolare quella dei Filippesi a cui si rivolge. La sua sofferenza per il vangelo trova ragione nella fede dei Filippesi.

S. Paolo sottolinea che la parte fondamentale del sacrificio è quella offerta dai suoi interlocutori, mentre le sue sofferenze apostoliche non sono altro che la libazione di complemento. Che la condivisione del medesimo atto di sacrificio della fede sia motivo per una condivisione di un'autentica gioia (vv. 17b-18) è poi cosa naturale. Il vanto di Paolo non è quello di essere apostolo, fondatore di Chiese, ma di appartenere a Cristo e di unirsi alla sua sofferenza per il bene delle anime. La sua gioia, quindi, si fonda sulla fede di coloro che hanno accolto la Parola e la vivono nella realtà in cui vivono "*irreprensibili e integri*" (v. 15), "*irriprovevoli e innocenti*" (TNM), cioè privi di ogni pensiero o desiderio malvagio: "*Senza macchia, senza ruga o altri simili difetti*" (Ef 5, 27), luminosi con il loro esempio.

Chi dedica la sua vita all'evangelizzazione deve fare attenzione a non cadere nell'errore di credersi in una condizione di privilegio e di superiorità rispetto agli altri fedeli, per il solo fatto di essere impegnati a tempo pieno nella evangelizzazione. Molto di più non deve presumere di essere possessore della verità, solo perché l'annuncia. Non ci si salva per questo, ma per essere fedele all'identità di figli ricevuta con il battesimo.

Per una ulteriore verifica personale:

Come viviamo la nostra adesione al Vangelo? Come viviamo l'impegno di evangelizzazione? Come viviamo le relazioni? Sono occasioni di evangelizzazione e di incontro vero "da persona a persona"?

Quarta Meditazione

Gv 9, 24-41

24Allora chiamarono di nuovo l'uomo che era stato cieco e gli dissero: "Da' gloria a Dio! Noi sappiamo che quest'uomo è un peccatore". 25Quello rispose: "Se sia un peccatore, non lo so. Una cosa io so: ero cieco e ora ci vedo". 26Allora gli dissero: "Che cosa ti ha fatto? Come ti ha aperto gli occhi?". 27Rispose loro: "Ve l'ho già detto e non avete ascoltato; perché volete udirlo di nuovo? Volete forse diventare anche voi suoi discepoli?". 28Lo insultarono e dissero: "Suo discepolo sei tu! Noi siamo discepoli di Mosè! 29Noi sappiamo che a Mosè ha parlato Dio; ma costui non sappiamo di dove sia". 30Rispose loro quell'uomo: "Proprio questo stupisce: che voi non sapete di dove sia, eppure mi ha aperto gli occhi. 31Sappiamo che Dio non ascolta i peccatori, ma che, se uno onora Dio e fa la sua volontà, egli lo ascolta. 32Da che mondo è mondo, non si è mai sentito dire che uno abbia aperto gli occhi a un cieco nato. 33Se costui non venisse da Dio, non avrebbe potuto far nulla". 34Gli replicarono: "Sei nato tutto nei peccati e insegni a noi?". E lo cacciarono fuori.

35Gesù seppe che l'avevano cacciato fuori; quando lo trovò, gli disse: "Tu, credi nel Figlio dell'uomo?". 36Egli rispose: "E chi è, Signore, perché io creda in lui?". 37Gli disse Gesù: "Lo hai visto: è colui che parla con te". 38Ed egli disse: "Credo, Signore!". E si prostrò dinanzi a lui.

39Gesù allora disse: "È per un giudizio che io sono venuto in questo mondo, perché coloro che non vedono, vedano e quelli che vedono, diventino ciechi". 40Alcuni dei farisei che erano con lui udirono queste parole e gli dissero: "Siamo ciechi anche noi?". 41Gesù rispose loro: "Se foste ciechi, non avreste alcun peccato; ma siccome dite: "Noi vediamo", il vostro peccato rimane".

Il brano del cieco nato[14], in particolare il secondo interrogatorio da parte dei Farisei, ci permette di riflettere sulla nostra capacità di essere testimoni e sulla

[14] Per il commento esegetico si rimanda alle opere sul quarto Vangelo citate in Bibliografia.

necessità di esserlo sempre più in maniera efficace, trasparente e credibile nelle varie situazioni di vita personali e comunitarie.

Il racconto del cieco nato inizia con il recupero della vista e si conclude con dei presunti vedenti che restano ciechi. In mezzo c'è il processo di illuminazione dell'ex-cieco. È un cammino di conoscenza che lo porta a credere ed essere "illuminato".

Noi siamo come i vari personaggi del brano: o ci identifichiamo con il cieco, per fare la sua stessa esperienza di luce, o siamo tra quelli che vogliono restare ciechi, perché presumono di non esserlo (v. 41).

Proviamo a soffermarci sul testo, anche se non in modo troppo dettagliato, e lasciamoci illuminare da esso.

La Parola, luce e vita di tutto, testimonia di sé stessa semplicemente mostrando ciò che è in ciò che fa: comunica sé stessa illuminando e facendo vedere ogni realtà nella sua differenza. La sua venuta provoca una crisi, con un duplice esito: ***c'è chi l'accoglie e chi la rifiuta***. Questo è il giudizio, di vita o di morte, che l'uomo compie su sé stesso. Il testo evangelico ci pone davanti agli occhi questo processo perché lo conosciamo e, liberati dall'inganno, possiamo giungere alla verità che ci fa vivere.

L'ostilità incontrata dal cieco illuminato è la medesima che ha dovuto sostenere Gesù da parte dei suoi contemporanei. È la stessa che deve sostenere la Chiesa di Giovanni da parte del suo ambiente e ogni credente da parte del mondo. Il Vangelo è eterno e racconta una storia sempre attuale: in ogni tempo c'è un cieco che viene alla luce e mostra ai presunti vedenti che sono ciechi, perché aprano gli occhi sulla loro situazione. La luce fa breccia nelle tenebre di una persona concreta: gli altri sono chiamati a fare la stessa esperienza, superando le proprie resistenze uguali a quelle che emergono nel racconto.

C'è una «lotta continua» nell'uomo, sia per chi viene alla luce sia per chi resta nelle tenebre. Chi viene alla luce deve sostenere l'opposizione delle tenebre; chi resta nelle tenebre avverte il dilagare della luce, che non riesce ad arrestare. È una lotta interiore a ciascuno di noi: «*La carne infatti ha desideri contrari allo Spirito e lo Spirito ha desideri contrari alla carne; queste cose si oppongono a vicenda, sicché voi non fate quello che vorreste*» (Gal 5, 17). Infatti quando vogliamo il bene, sentiamo le resistenze del male; quando facciamo il male, sentiamo il rimorso della coscienza, perché siamo fatti per il bene. È il dramma dell'uomo, in cui si compie il faticoso passaggio dalle tenebre alla luce, dalla morte alla vita. Oggi, come allora, le «tenebre» sono da individuare in quel sistema di «omologazioni» che ci impedisce di vivere la libertà di essere noi stessi.

Gesù è luce del mondo: ci fa venire alla luce della nostra verità, che è la sua stessa di Figlio.

La *Chiesa* si riconosce nel cieco e nel suo lento cammino battesimale, che la illumina e la porta a vedere e seguire il pastore della vita.

Soffermiamoci su alcuni versetti del brano.

"***Chiamarono di nuovo l'uomo che era stato cieco***": I farisei pieni del pregiudizio sulla legge non riescono a leggere la guarigione del cieco nell'unico modo plausibile: come segno messianico. Non potendo più negare il fatto, si rinuncia a capirlo e si cerca di imporne una lettura distorta, diffondendo una versione secondo la "verità ufficiale", funzionale al potere costituito. Si vuole discreditare Gesù, per dissociare da lui il neocredente e scoraggiare altri a credere in lui.

Quante volte accecati da pregiudizi non riusciamo a riconoscere i segni dei tempi e a riconoscere ciò che lo Spirito dice alla Chiesa e a noi nella particolare situazione di vita.

Papa Francesco ci spiega cosa significa saper leggere i segni dei tempi: "Questo implica non solo riconoscere e interpretare le mozioni dello spirito buono e dello spirito cattivo, ma – e qui sta la cosa decisiva – scegliere quelle dello spirito buono e respingere quelle dello spirito cattivo" (EG 51).

Non sempre è facile comprendere cosa sia buono, perché tante volte siamo così arroccati nelle nostre abitudini, ai nostri modi di fare e molto di più alle nostre "regole", che siamo sempre più portati a metterci sulla difensiva piuttosto che confrontarci in un dialogo attento con la particolare situazione che ci interpella.

"***Noi sappiamo … Una cosa io so***":

I capi fanno valere il peso della loro autorità: hanno il monopolio incontestabile della verità. L'opposizione dei capi sortisce l'effetto opposto e farà vedere meglio l'ex-cieco: capirà che la gloria di Dio è l'uomo vivente. Al «noi sappiamo» dei capi, oppone l'«io so» di un uomo che ci vede e non vuol rinunciare a dire ciò che sa. I capi vogliono ridurlo al silenzio. Il potere deve far tacere, con ogni mezzo, le voci discordanti. La verità è sempre altra rispetto a quella ufficiale.

I nemici della luce accusano come peccatore colui che è la luce del mondo. Per difendere il proprio potere, o per paura di chi ha il potere, si dichiara peccato il vedere e, soprattutto, il far vedere.

Se è vero il proverbio che dice: "il potere logora chi non lo ha", è altrettanto vero che il potere imbruttisce i cuori e la paura di perderlo rende incapaci di vivere la carità. Ecco perché dobbiamo fare attenzione a non cadere sotto la schiavitù del potere e a vivere la responsabilità come servizio.

Non dobbiamo mai dimenticare che siamo **SERVI** della Verità e non **DETENTORI** della Verità. Pronti sempre al dialogo, anche con chi mette in discussione la nostra vita, la nostra attività, il nostro servizio, il nostro potere o responsabilità.

Ciò che mai va posto in discussione è il Vangelo, ma sul resto si può discutere e si deve cercare ciò che può essere di ostacolo alla diffusione del Vangelo.

A tal proposito vorrei leggere con voi il n. 43 della Evangelii Gaudium:

«Nel suo costante discernimento, la Chiesa può anche giungere a riconoscere consuetudini proprie non direttamente legate al nucleo del Vangelo, alcune molto radicate nel corso della storia, che oggi ormai non sono più interpretate allo stesso modo e il cui messaggio non è di solito percepito adeguatamente. Possono essere belle, però ora non rendono lo stesso servizio in ordine alla trasmissione del Vangelo. **Non abbiamo paura di rivederle**. Allo stesso modo, ci sono norme o precetti ecclesiali che possono essere stati molto efficaci in altre epoche, ma che non hanno più la stessa forza educativa come canali di vita. San Tommaso d'Aquino sottolineava che i precetti dati da Cristo e dagli Apostoli al popolo di Dio «sono pochissimi». Citando sant'Agostino, notava che i precetti aggiunti dalla Chiesa posteriormente si devono esigere con moderazione «per non appesantire la vita ai fedeli» e trasformare la nostra religione in una ***schiavitù***, quando «la misericordia di Dio ha voluto che fosse libera». Questo avvertimento, fatto diversi secoli fa, ha una tremenda attualità. Dovrebbe essere uno dei criteri da considerare al momento di pensare una riforma della Chiesa e della sua predicazione che permetta realmente di giungere a tutti.» (EG 43)

La fedeltà al Vangelo esige anche la fedeltà all'uomo, da intendere come attenzione alla sua realtà, perché possa incontrare Dio e aprirgli il cuore. Per far questo occorre essere disponibili al dialogo, senza arroccamenti né atteggiamenti di sicurezza e di superiorità perché conosciamo Dio.

Anche se la discussione avviene sul Vangelo, non dobbiamo aver paura di affrontare il confronto con chi mette in discussione la fede, ma sempre dare "ragione della speranza che è in noi" (1 Pt 3,15).

Qual è la testimonianza che dispone i cuori all'accoglienza del vangelo?

Se non si fa esperienza di Dio difficilmente si riesce a dare testimonianza, al massimo si comunicheranno dati di fede, ma difficilmente riconosciute come verità per la vita.

Il cieco ha sperimentato la misericordia di Dio e riesce a tenere testa ai farisei anche con una certa ironia: "*Volete forse diventare anche voi suoi discepoli?*".

Al "noi sappiamo" risponde con il "sappiamo" del buon senso popolare: se Dio ascolta i giusti, l'opera di Gesù lo rivela da Dio, perché è giusta. Il punto di partenza dell'ex-cieco è un fatto concreto e il suo significato più evidente: è meglio vederci che essere ciechi! L'esperienza è un buon inizio di metodo teologico e di evangelizzazione che arriva ai cuori.

Certo che la sola esperienza non basta, occorre crescere nella conoscenza vivendo una relazione di fede autentica: dall'esperienza alla fede, alla sequela del Cristo.

All'ex-cieco, dopo l'esperienza che ha fatto, Gesù domanda di credere nel Figlio dell'uomo. La domanda di Gesù serve ad esplicitare il suo desiderio di conoscerlo e credere in lui. Il miracolo della vista è segno della fede, che è vedere lui, il volto del Figlio dell'uomo, vero volto di ogni figlio d'uomo.

"***colui che parla con te, è lui stesso***" (cf. 4, 26). Il vedere è sempre connesso al parlare: *visione e parola sono inscindibili*. **Il principio del vedere è la parola**: il cieco, ascoltando l'ordine di Gesù, ha aperto gli occhi e, testimoniandolo davanti a chi lo interroga, l'ha riconosciuto come l'inviato da Dio. Ora, nel dialogo con lui che lo incontra e lo invita alla fede in lui, il cieco lo vede. Il Figlio dell'uomo si definisce come «colui-che-parla-con-te». E tu lo vedi, perché ti ha aperto gli occhi. Sta parlando anche con il lettore, che lo «vede» attraverso il racconto del processo al cieco.

La fede nella Parola diventa visione. Eppure colui che si vede resta sempre anche Parola: è «colui che parla con te». **È la Parola che fa vedere la verità; essa, come è principio, così è fine della rivelazione**.

Per donare Cristo bisogna vivere di Lui e con Lui. Papa Francesco parla di essere ***Evangelizzatori con Spirito***, cioè "evangelizzatori che si aprono senza paura all'azione dello Spirito Santo".

"[...] Evangelizzatori con Spirito significa evangelizzatori che pregano e lavorano. Dal punto di vista dell'evangelizzazione, non servono né le proposte mistiche senza un forte impegno sociale e missionario, né i discorsi e le prassi sociali e pastorali senza una spiritualità che trasformi il cuore. [...] Occorre sempre coltivare uno spazio interiore che conferisca senso cristiano all'impegno e all'attività. Senza momenti prolungati di adorazione, di incontro orante con la Parola, di dialogo sincero con il Signore, facilmente i compiti si svuotano di significato, ci indeboliamo per la stanchezza e le difficoltà, e il fervore si spegne. [...] La prima motivazione per evangelizzare è l'amore di Gesù che abbiamo ricevuto, l'esperienza di essere salvati da Lui che ci spinge ad amarlo sempre di più. Però, che amore è quello che non sente la necessità di parlare della persona amata, di presentarla, di farla conoscere? Se non proviamo l'intenso desiderio di comunicarlo, abbiamo bisogno di soffermarci in preghiera per chiedere a Lui che torni ad affascinarci. Abbiamo bisogno d'implorare ogni giorno, di chiedere la sua grazia perché apra il nostro cuore freddo e scuota la nostra vita tiepida e superficiale. [...] La migliore motivazione per decidersi a comunicare il Vangelo è contemplarlo con amore, è sostare sulle sue pagine e leggerlo con il cuore. Se lo accostiamo in questo modo, la sua bellezza ci stupisce, torna ogni volta ad affascinarci. Perciò è urgente ricuperare uno **spirito contemplativo**, che ci permetta di riscoprire ogni giorno che siamo depositari di un bene che umanizza, che aiuta a condurre una vita nuova. Non c'è niente di meglio da trasmettere agli altri. [...] Il vero missionario, che non smette mai di essere discepolo, sa che Gesù cammina con lui, parla con lui, respira con lui, lavora con lui. Sente Gesù vivo insieme con lui nel mezzo dell'impegno missionario. Se uno non lo scopre presente nel cuore stesso dell'impresa missionaria, presto perde l'entusiasmo e smette di essere sicuro di ciò che trasmette, gli manca la forza e la passione. E **una persona che non è convinta, entusiasta, sicura, innamorata, non convince nessuno**." (EG 259-266)

Il rischio che spesso corriamo è quello di chiuderci nella nostra posizione, nella sicurezza che può darci una vita ben strutturata e organizzata, come i farisei che ritengono che il loro modo di vedere sia quello giusto. Hanno assolutizzato la legge, che pure viene da Dio, sacrificando ad essa e Dio e uomo: con dei buoni mattoni, si sono costruiti una prigione invece di una casa. "***il vostro peccato dimora***". Invece di dimorare nel Signore, e lui in loro, dimorano nella falsa visione di Dio e dell'uomo, che per noi può diventare una errata visione della Chiesa. Riconoscere questo peccato è opera costante dello Spirito di verità, perché possiamo accogliere la luce, e dobbiamo invocarlo per essere capaci di riconoscere e allontanarci da esso.

Quinta Meditazione

Ef 5, 1-21

[1] Fatevi dunque imitatori di Dio, quali figli carissimi, [2]e camminate nella carità,
nel modo in cui anche Cristo ci ha amato e ha dato sé stesso per noi, offrendosi
a Dio in sacrificio di soave odore.
[3]Di fornicazione e di ogni specie di impurità o di cupidigia neppure si parli fra
voi - come deve essere tra santi - [4]né di volgarità, insulsaggini, trivialità, che
sono cose sconvenienti. Piuttosto rendete grazie! [5]Perché, sappiatelo bene,
nessun fornicatore, o impuro, o avaro - cioè nessun idolatra - ha in eredità il
regno di Cristo e di Dio.
[6]Nessuno vi inganni con parole vuote: per queste cose infatti l'ira di Dio viene
sopra coloro che gli disobbediscono. [7]Non abbiate quindi niente in comune con
loro. [8]Un tempo infatti eravate tenebra, ora siete luce nel Signore. Comportatevi
perciò come figli della luce; [9]ora il frutto della luce consiste in ogni bontà,
giustizia e verità. [10]Cercate di capire ciò che è gradito al Signore. [11]Non
partecipate alle opere delle tenebre, che non danno frutto, ma piuttosto
condannatele apertamente. [12]Di quanto viene fatto da costoro in segreto è
vergognoso perfino parlare, [13]mentre tutte le cose apertamente condannate sono
rivelate dalla luce: tutto quello che si manifesta è luce. [14]Per questo è detto:
"Svégliati, tu che dormi, risorgi dai morti e Cristo ti illuminerà".
[15]Fate dunque molta attenzione al vostro modo di vivere, comportandovi non da
stolti ma da saggi, [16]facendo buon uso del tempo, perché i giorni sono cattivi.
[17]Non siate perciò sconsiderati, ma sappiate comprendere qual è la volontà del
Signore. [18]E non ubriacatevi di vino, che fa perdere il controllo di sé; siate
invece ricolmi dello Spirito, [19]intrattenendovi fra voi con salmi, inni, canti
ispirati, cantando e inneggiando al Signore con il vostro cuore, [20]rendendo
continuamente grazie per ogni cosa a Dio Padre, nel nome del Signore nostro
Gesù Cristo. [21]Nel timore di Cristo, siate sottomessi gli uni agli altri.

Dopo aver esortato all'unità e aver argomentato sull'importanza di appartenere al corpo di Cristo, Paolo invita i cristiani a cambiare modo di vivere, evitando di ricadere nella vecchia condotta di quando erano pagani[15].

Il brano in esame parte fa parte della seconda parte della lettera (4,1-6,20), quella che sviluppa, dai principi precedentemente elaborati, qui richiamati e ulteriormente chiariti, alcune conseguenze di carattere etico. Per questo il testo di questa seconda parte di presenta meno strutturato e organico, dal momento che l'autore elabora le sue considerazioni in maniera più libera e seguendo un proprio ordine di ragionamento più selettivo e limitato. Questo spiega perché diversi commentatori diano diverse suddivisioni anche riguardo al nostro testo.

In particolare evidenziamo questa suddivisione:

Ef 4, 17-24, si esorta a vivere in modo rinnovato, deponendo l'uomo vecchio che si corrompe dietro alle passioni, e a rivestire l'uomo nuovo;

Ef 4, 25-5, 2, si spiegano le due immagini, indicando un modo di vivere ispirato al rispetto della legge, al perdono, alla carità nell'imitazione di Dio e di Cristo;

Ef 5, 3-20, si contrappongono le opere della luce alle opere delle tenebre.

Entriamo nella lettura tematica del testo per vivere anche questa giornata penitenziale guidati da S. Paolo.

"*Siate dunque imitatori di Dio quali suoi figli amati*" (v 1). In poche parole si ricapitola tutto l'imperativo della vita cristiana: "*imitare Dio*". Non è un comando nuovo: "*Siate santi perché io sono santo*" (Lv 11, 44.45), ripete JHWH al suo popolo; "*Siate perfetti come è perfetto il Padre vostro celeste*" (Mt 5, 48) è la richiesta precisa di Gesù a coloro che lo seguono. L'esemplificazione concreta del senso di questo comando è stata appena presentata al versetto precedente, indicando la via della benevolenza e del perdono. Imitare Dio significa comportarsi come lui, quindi agire verso gli altri così come Dio ha agito verso di noi. Nel modo di vivere deve apparire e diventare manifesto il

---

[15] Per la struttura del testo biblico e il commento esegetico sono stati tenuti presenti gli studi citati in bibliografia sulla Lettera agli Efesini e sulle lettere di San Paolo.

perdono con cui Dio ci ha perdonati e quindi salvati in Cristo (cfr. 2, 4-5); Dio è il modello di comportamento che deve essere imitato da coloro che egli ha salvato in Cristo: essi devono vivere in modo nuovo, manifestando nelle azioni ciò che professano con la fede.

Il versetto seguente dice come questo può accadere.

"*Procedete nell'amore come anche Cristo vi amò e consegnò sé stesso per noi offerta e vittima a Dio in profumo di soavità*" (v. 2). È da Cristo che colui che crede riceve la carità per amare e perdonare, in modo da imitare con la sua vita l'amore stesso di Dio che lo ha salvato. Usando un'immagine cultuale, Paolo presenta l'amore di Cristo quale offerta di oblazione e sacrificio espiatorio a favore di tutti noi. Questa dimensione oblativa è colta come mistero continuo e permanente e non è legata ad un singolo atto; dipende infatti dalla determinazione volontaria, amorosa di colui che si offre spontaneamente. Qui non si parla di sangue, quindi di sacrificio cruento, anche se la preposizione "per" nella locuzione "per voi" significa "a favore di" o "al posto di" e può così indicare l'offerta vicaria, pur nella libertà dell'amore. Paolo, partendo dall'esperienza personale di essere stato amato singolarmente da Cristo (cfr. Gal 2, 20) e di aver consegnato la vita nelle sue mani, esorta tutti i credenti, anch'essi amati da Cristo nel segno concreto del dono della sua vita. La misura dell'amore del credente nei riguardi del suo prossimo è quella con cui è stato amato, l'amore vive nella sua restituzione. Non si può pensare di vivere solo appropriandoci di quello che Gesù ci ha liberamente donato; infatti questo dono rimane valido e permanente a condizione che il fedele si immetta nella stessa dinamica dell'offerta di sé fino a diventare anche lui sacrificio gradito a Dio. Su questa stessa linea in Rom 12, 1, Paolo invita i credenti a offrire il proprio corpo come sacrificio spirituale gradito a Dio.

Due attualizzazioni possibili di questi primi due versetti:

Ef 5, 1. - "*Divenite imitatori di Dio come figli amati*". Questo è l'unico passo di tutto il Nuovo Testamento in cui si parla esplicitamente di imitare il Signore. Questo è un dovere per il cristiano di ogni tempo, come ben sottolinea l'uso dell'imperativo. **Quanto viviamo come dovere questo comando paolino? Cosa significa divenire imitatori di Dio per la mia vita concreta?**

Ef 5, 2. - "*Offrendosi a Dio in sacrificio di soave odore*". La *Lumen Gentium* ci aiuta a comprendere queste parole. Al n. 10 leggiamo: "Infatti per la rigenerazione e l'unzione dello Spirito Santo tutti i battezzati vengono consacrati per formare un sacerdozio santo, per offrire, mediante tutte le attività del cristiano, spirituali sacrifici... Tutti i discepoli di Cristo quindi offrano se... stessi come vittima viva, santa e gradevole a Dio". **In che misura la nostra vita è vissuta come offerta di noi stessi a Dio a vantaggio di tutti?**

Dopo questa introduzione, che è la finale della seconda esplicitazione, il testo cambia tono e passa ad una esortazione molto concreta, mettendo davanti ai cristiani ciò che è da evitare affinché la vita possa essere degna dei "*figli della luce*". Riprendendo quanto detto in Ef 4, 17-19, nei versetti 3-6 vengono delineati alcuni tratti propri della mentalità pagana. Una prima lettura potrebbe ingenerare un'idea riduttiva del mondo pagano, dal momento che viene attribuito a esso tutto ciò che è negativo e non sembra possibile trovare in esso valori positivi. In realtà Paolo vuole che i battezzati vivano in pienezza la nuova dignità acquisita; per questo mette loro davanti i vizi riprovevoli del mondo pagano, senza che questo comporti una valutazione oggettiva di esso. Nel secondo paragrafo (5,8-14) invita i cristiani a comportarsi come "*figli della luce*", dal momento che i credenti sono tenuti a rispondere in maniera attiva e personale alla chiamata alla vita e alla luce. Il terzo paragrafo (5, 15-17) affronta il tema della sapienza come conformazione alla volontà di Dio; il quarto (5, 18-21) insiste sulla necessità di essere riempiti dallo Spirito e descrive come ottenerlo.

Le opere e il frutto delle tenebre (vv. 3-7)

Nei vv. 3-4 vengono elencati 6 comportamenti negativi stigmatizzati dall'autore:

1. “**fornicazione**”: ogni genere di comportamento sessuale disordinato;

2. “**impurità**”: il termine sembra in questo contesto sinonimo del precedente (usato nell'Antico Testamento soprattutto nell'ambito del culto, ha qui acquisito un valore etico);

3. “**cupidigia**”: la bramosia del possesso e dell'accumulo (sia riguardo alle realtà materiali sia riguardo la relazione sessuale, vista come un desiderio indirizzato all'altro visto non come persona, ma come un oggetto da possedere);

4. “**volgarità**”: indica tutto ciò che è deforme e contrario al decoro;

5. “**insulsaggini**”: indica tutto ciò che è superficiale e contrario ad una doverosa sapienza di vita;

6. “**trivialità**”: in accezione negativa, come qui, indica un atteggiamento divertito verso tutto ciò che è scurrile e grossolano;

“*Ma fornicazione e impurità di ogni genere o avidità neanche se ne parli tra voi, come conviene ai santi*” (v. 3). In quanto “santi”, i cristiani sono chiamati a vivere secondo un principio morale superiore che proibisce ogni peccato e chiede di conformarsi pienamente al bene: la chiamata, infatti, è alla santificazione come vocazione di vita. Il termine “fornicazione” indica la prostituzione in tutte le sue forme di abuso e di illegittimità sessuali; l’espressione “impurità di ogni genere” esprime l’opposto della santità, cioè la condizione generale di immoralità che colloca l’uomo nella impossibilità di offrire il culto di sé stesso a Dio. L’ “avidità” è insaziabilità, desiderio sfrenato di ingordigia, voler possedere tutto e più del tutto. È significativo che in Col 3, 5 l’avidità sia concepita come idolatria (come apparirà anche in Ef 5, 5); l’avido è, infatti, dio a sé stesso, vive solo per sé e vede ogni cosa e ogni persona solo come strumenti di cui servirsi. Per questa caratteristica di autodivinizzazione e di parossismo dell’“io” l’avidità ingloba in sé stessa i due vizi precedenti, la fornicazione e l’impurità. Paolo usa la forma iperbolica “*neanche se ne parli tra voi*” per far capire che i vizi appena presentati sono talmente lesivi della dignità del credente da essere evitati con la massima attenzione.

"*Così oscenità, stupidità, o equivocità, tutte cose sconvenienti, ma piuttosto il ringraziamento*" (v 4). Segue ora un altro tema di vizi i cui vocaboli, tutti attinenti alla sfera del parlare, ricorrono solo qui in tutto il Nuovo Testamento. "**Oscenità**" sono le parole disoneste e turpi; "**stupidità**" sta per discorsi vuoti, insipienti, senza senso e quindi vani; "**equivocità**" indica il parlare arguto e tendenzioso che cela il doppio senso con fini perniciosi e volgari. Questo modo di parlare è del tutto sconveniente perché non porta nessun giovamento alla vita del fedele, allontana invece dall'unità di cuore e parola, espressione della verità del vangelo.

"*Ma piuttosto il ringraziamento*": non si tratta di un parlare con grazia e in modo appropriato, in contrapposizione al modo scurrile dei pagani, quanto invece di un parlare che esprime l'atteggiamento di chi riconosce l'azione continua di Dio e lo esprime con la lode. Nel manifestare riconoscenza verso Dio, dal quale tutto viene, nasce il sentimento di rendergli continuamente lode. È come se Paolo dicesse di non sprecare il fiato con parole inutili, ma di utilizzarlo a favore di Dio.

"*Questo infatti sappiate: bene che ogni fornicatore o impuro o avido cioè idolatra, non ha eredità nel regno di Cristo e di Dio*" (v. 5). Chi cammina sulla strada dei vizi appena presentati deve sapere di essere escluso dal Regno di Dio. L'Apostolo dichiara che alla base di ogni deviazione etica si trova il comportamento idolatrico di chi, non riconoscendo l'unico Dio, divinizza sé stesso e la realtà. Il tema dell'eredità del Regno o della vita è uno degli elementi dominanti della catechesi primitiva. Paolo non sta quindi minacciando; ricorda, invece, che l'eredità e la partecipazione al Regno non è solo una realtà futura, ma è già presente e fruibile (il verbo è al presente) per chi non cammina secondo uno stile di vita pagano. Al contrario la situazione dell'idolatra, del fornicatore, dell'avido e dell'impuro è già una situazione di esclusione dal Regno, cioè una condizione di morte.

"*Nessuno v'inganni con discorsi vuoti, per questi infatti proviene l'ira di Dio sui figli della disubbidienza*" (v. 6). Dopo aver invitato a conoscere le conseguenze di un comportamento deviato, Paolo continua dicendo che il credente non può essere uno sprovveduto: deve sapere, infatti, discernere la vacuità dei ragionamenti e delle parole degli ingannatori che vorrebbero far sembrare insignificanti o addirittura corretti i comportamenti devianti dei pagani. Il credente è colui che è capace di giudicare sulla base della rivelazione di Gesù. "L'ira di Dio" è un'espressione antropomorfa per indicare l'atteggiamento giudiziale di condanna da parte di Dio; esprime il fatto che Egli non è indifferente nei confronti del male, specie quando questo è generato dalla perversione e dall'inganno. Come già in Ef 2,2 i pagani sono presentati a partire dal rifiuto della rivelazione come "figli della disubbidienza". L'idolatria, infatti, porta con sé la disubbidienza perché la relazione con Dio richiederebbe una risposta accondiscendente (l'obbedienza) che viene rifiutata.

Paolo ricapitola quanto affermato ammonendo i cristiani a dissociarsi completamente dalla mentalità pagana: "*dunque non siate loro compagni*" (v 7). La parola greca usata ("compagni, *symmetechoi*") è significativa, perché composta da "*syn*" ("con") per indicare il collaborare, da "*meta*" ("insieme") per esprimere l'"*essere associati a*", da "*echò*" ("avere") per dire l'aderire a qualcuno. Si vuole affermare che il credente non è in alcun modo un "*collaborazionista*" degli operatori di iniquità.

Ancora una proposta di attualizzazione di questi versetti per la vita.

Ef 5, 4 - Troppe volte la nostra bocca si riempie di parole insensate, se non offensive e volgari. Si legge nella regola di Qumran: "Dalla mia bocca non si odano oscenità. Respingo dalle mie labbra parole vuote, le impurità e perfidie dalla conoscenza del mio cuore". Sono parole che dovrebbero essere la misura anche di ogni cristiano. **Come ci salvaguardiamo davanti allo strapotere delle parole vuote? Curiamo il nostro modo di esprimerci e scegliamo argomenti di dialogo degni di essere affrontati e commisurati alla nostra dignità di figli di Dio? E se non ci riusciamo sentiamo il desiderio di confessare questa nostra inadeguatezza nel sacramento della riconciliazione?**

Ef 5, 3-4 - I vv. 3-4 elencano alcuni comportamenti negativi che impoveriscono le relazioni tra le persone. Nel nostro contesto culturale alcuni di questi atteggiamenti sono divenuti tanto comuni da essere considerati normali. Superando ogni approccio moralistico o visione nostalgica del passato, riflettiamo su come ci comportiamo davanti a situazioni analoghe a quelle citate nel brano. **Come agire per una vera "conversione culturale" che susciti riflessione critica e superi l'ovvietà di questi comportamenti? Siamo capaci di formarci uno spirito critico che sia in grado di distinguere e scegliere il bene?**

Ef 5, 3 - "Nessun fornicatore, o impuro, o avaro... avrà parte al Regno". Oggi la volgarità, la cupidigia, il denaro, lo sfruttamento sessuale dell'altro segnano la vita di molti. **Come parliamo ai giovani di questi temi? Abbiamo il coraggio di proporre (oltre che di vivere personalmente) agli altri una vita di affettività matura e responsabile, di rispetto del proprio corpo e del corpo degli altri, di libertà dalla schiavitù del denaro e del potere?**

Ef 5, 6 - L'autore mette in guardia dai venditori di vuote parole. Il testo ricorda la prima lettera di Timoteo in cui si legge: "*Alcuni si sono volti a vacue verbosità, pretendendo di essere dottori della legge*". **Con franchezza analizziamo se talvolta il nostro agire all'interno della comunità non sia quello di venditori di parole prive di contenuto.**

Ef 5,6 - I mezzi di comunicazione di massa, soprattutto la televisione, sono oggi il veicolo privilegiato dei "vani ragionamenti". **Che cosa facciamo a livello personale e comunitario per smascherare il vuoto che sta dietro tante immagini e discorsi accattivanti? Come ci adoperiamo per un uso critico dei mass media, considerato in particolare il carisma paolino che viviamo?**

Figli della luce (vv. 8-14)

"*Un tempo infatti eravate tenebra, ora luce nel Signore: procedete come figli di luce*" (v 8). Servendosi della contrapposizione temporale "un tempo/ora" e del simbolismo cosmico "tenebra/luce", l'Apostolo richiama alla memoria dei credenti l'ignoranza e i grossolani errori fatti e presenta la loro attuale condizione. L' "ora" del tempo cristiano è quella della conoscenza e della rivelazione. Prima della comparsa della luce, cioè di Cristo, gli ascoltatori di Paolo erano annoverati tra coloro che brancolavano nella tenebra e vi si erano talmente conformati da divenire essi stessi "tenebra", realtà generatrice solo di frutti di morte. Con l'avvento del Signore, coloro che sono stati in lui battezzati non solo sono stati illuminati dalla luce di Cristo, ma sono divenuti essi stessi luce, lampade che, grazie al Signore e in unione a Lui, possiedono forza e capacità di splendere e di illuminare. È avvenuto quindi un reale capovolgimento: l'illuminazione di cui godono i battezzati va intesa come una conformazione alla stessa vita del Cristo e non solo come un penetrare nella conoscenza del suo mistero. Se, infatti, Gesù si definisce "luce", la luce comunicata ai neofiti significa la cristificazione della loro vita. Ecco perché i fedeli devono vivere come "figli della luce".

I discepoli sono dunque luce: non ricevono un'esortazione a diventare tali, ma viene affermata perentoriamente la loro qualità costitutiva. Non si può scindere la condizione del discepolo dalla funzione di illuminare: "Così risplenda la vostra luce davanti agli uomini, perché vedano le vostre opere buone e rendano gloria al vostro Padre che è nei cieli" (Mt 5, 16). La grandezza di questa pretesa, che rende i seguaci di Gesù "**responsabili**" della glorificazione del Padre, si misura poi con un'altra affermazione di Gesù: "Io sono la luce del mondo" (Gv 8, 12). E l'essere "in Cristo", "nel Signore" che rende luce: la nostra natura umana, assunta e salvata nella sua, diventa "creazione nuova" (2Cor 5, 17), capace di illuminare. L'esperienza umana si scontra, però, contro questa condizione: la vita umana spesso non è trasparenza della vita divina.

"*Infatti il frutto della luce si trova in tutto ciò che è buono, giusto e vero*" (v 9). Aprendo una parentesi, Paolo fa capire che il camminare nella luce abbraccia ogni dimensione della vita, unificata proprio dalla luce stessa. Il frutto della luce è, infatti, unico anche se gustato come bontà, giustizia, verità.

1. "**Bontà**" indica la qualità etica positiva per eccellenza; è la base della benevolenza; è quindi la probità e la buona disposizione, ordinate sempre alla ricerca del vero bene degli altri;

2. "**giustizia**" è la rettitudine e l'onestà sempre in sintonia con la volontà di Dio; indica la virtù che permette di costruire una relazione corretta con Dio e con gli altri ("dare a ciascuno il suo", secondo la definizione del diritto romano)[16];

3. "**verità**" si coniuga con l'amore per esprimere la correttezza del comportamento e del parlare in accordo con la conoscenza e la rivelazione di Dio; è la capacità di indicare chiaramente le cose per quello che realmente sono, senza modificazioni di qualunque genere.

Presentando queste qualità come "frutti" dell'azione di Dio ("della luce"), l'autore sottolinea come nell'esperienza cristiana esse **non sono** principalmente il prodotto di una ricerca ascetica puramente umana, **ma la concretizzazione**, a cui i credenti devono saper corrispondere, **dell'agire divino nella loro interiorità**. Nel descrivere "il frutto della luce" in realtà Paolo descrive quello che la Luce-Cristo è per noi cioè bontà, giustizia e verità; per questo i figli della luce devono assomigliare a Colui che li ha generati.

"*Valutando ciò che è gradito al Signore*" (v. 10). La capacità di discernimento è frutto della luce, pertanto "i figli della luce" sanno valutare ciò che amabile agli occhi di Dio e devono compierlo perché la dinamica dell'amore dei figli della luce è conoscere l'Amato e accondiscendere a Lui. È proprio dei figli, infatti, preoccuparsi di conoscere in ogni momento quello che è volontà di Dio per compiacerlo in tutto. La necessità del discernimento è data dal fatto che l'agire concreto del cristiano non è predeterminato in maniera completa attraverso una legge esterna, ma si origina dalla fedeltà a valori come quelli indicati nel versetto precedente. Questa fedeltà consiste in un esercizio libero e responsabile capace di valutare, nelle singole situazioni della vita, ciò che è davvero conforme alla volontà del Signore, e, quindi, corrispondente ai valori proposti.

[16] Qui il termine è utilizzato in maniera molto diversa dal comune uso di Paolo nelle sue lettere.

"*Non associatevi alle opere infruttuose della tenebra, ma piuttosto confutatele*" (v. 11). In antitesi al vs 9 dove si affermava che il frutto appartiene alla luce, ora si dice che le opere della tenebra sono sterili, infruttuose. Pertanto "i figli della luce" devono dissociarsi da esse, dare senso alla loro vita e non perdersi nel vuoto, nel nulla delle tenebre. Ma l'Apostolo fa un passo avanti perché chiede ai cristiani di "denunciarle", "manifestarle", "svergognarle", "confutarle". Tutte queste traduzioni dell'originale verbo greco sono possibili: i cristiani non devono essere passivi nei confronti del male, ma reagire contro di esso con le armi della luce.

"*Infatti ciò che fanno in segreto è turpe anche a dirsi*" (v. 12). Mentre il vivere del battezzato è nella verità e nella trasparenza, coloro che si contrappongono alla luce vivono nella falsità e nel nascondimento tipici dell'oscurità morale, della turpitudine. La denuncia fatta dai fedeli permette alla luce, parola e rivelazione, di entrare e di sconvolgere il regno delle tenebre: la luminosità della luce vince l'oscurità della tenebra, la forza della parola vince le trame inique.

"*Mentre tutto ciò che viene confutato, è manifestato dalla luce*" (v. 13). La confutazione fatta dai cristiani non risiede solo nella parola: la vera forza è la loro vita esemplare che è luce. Pertanto i figli delle tenebre non si vedono solo scoperti, ma convinti dalla luce, e si trovano orientati verso di essa, indotti a essere luce essi stessi.

"*Infatti tutto ciò che è manifesto è luce. Perciò si dice: Alzati, tu che dormi, e sorgi dai morti e ti illuminerà il Cristo*" (v. 14). Con la prima frase "infatti tutto ciò che è manifesto è luce" vengono messi in stretto rapporto la luce e ciò che viene illuminato. Paolo trasferisce l'effetto della luce naturale a quello dell'esemplarità della fede: la luce penetra e attraversa ogni cosa con il suo risplendere, così il male non può continuare a mascherarsi di fronte alla manifestazione della luce-Cristo e di coloro che da lui sono illuminati. A conferma di questo viene portata una citazione della Scrittura di carattere innico, il cui testo base sembra essere Is 60, 1, ma anche Is 9, 2; 26, 19; 51, 17; 52, 1.

Si discute riguardo all'origine di questo testo di Ef, forse inizio di un inno arcaico di origine battesimale, che cantava poeticamente il risveglio dell'anima raggiunta dalla luce di Cristo. C'è chi coglie in esso un'eco degli inni al Sole e vede qui un contatto con alcune liturgie orientali. Alcuni ritengono che si tratti di un inno appartenente alla lunga e notturna liturgia eucaristica, in quanto Giustino ci informa dell'esistenza anche durante la Cena di alcuni inni rivolti a Cristo. Le prime due frasi sono sinonimiche ("alzati tu che dormi"//"e sorgi dai morti") e indirizzano l'inno in un contesto di resurrezione, nel senso che rimandano direttamente alla pasqua o richiamano, come più probabile, alla resurrezione-pasqua dei battezzati; coloro che erano imprigionati nelle tenebre e nella morte sono entrati nella luce del Risorto, da Lui risvegliati dal sonno della morte. "Ti illuminerà il Cristo": fin dai primi momenti i cristiani chiamarono il battesimo "illuminazione" per esprimere l'essere irradiati dalla luce di Cristo, introdotti nella sua conoscenza e fatti parte del mistero di salvezza.

Cerchiamo ancora di proporre una attualizzazione.

Ef 5, 9 - Il frutto della luce pur unico si manifesta sotto tre forme diverse: verità, bontà, giustizia. Questo unico frutto nel testo è contrapposto a una pluralità di opere delle tenebre, a indicare l'unità interiore del credente in Cristo. **Possiamo dire che tendiamo nella nostra vita all'unificazione interiore o siamo dispersi dietro mille bisogni?**

Ef 5, 9 - "*Siete luce nel Signore*". Chi vive nella luce contribuisce alla realizzazione del Regno col suo comportamento. **La nostra identità, segnata da un rapporto profondo con Dio, è capace di provocare e illuminare le altre persone con le quali viviamo, lavoriamo, ci rapportiamo? Per quali aspetti possiamo dire che le nostre comunità sono luce nel quartiere, nel paese, nella città?**

Ef 5, 10 - Al cristiano è richiesto un continuo discernimento della volontà di Dio. Illuminato dallo Spirito egli è chiamato continuamente a scegliere nella sua vita ciò che piace al Signore anche se questo può voler dire affrontare scelte di vita controcorrente. **Quali scelte del genere abbiamo fatto? Confrontiamo le nostre intenzioni e desideri in vista di un discernimento con un accompagnatore spirituale?**

Ef 5,10 - "*Cercate ciò che è gradito al Signore*". "*Sappiate comprendere la volontà di Dio*" (Ef 5, 17). La nostra azione pastorale spesso si appiattisce sulle cose da fare e si presenta carente di "discernimento comunitario" (Cfr. CEI, Comunicare il Vangelo in un mondo che cambia, n. 50). Manca perciò la puntuale e faticosa, ma necessaria, lettura della realtà e la ricerca di ciò che Dio ama e vuole, l'attività pastorale risulta così povera di pensiero e di valutazione. **Come personalmente e comunitariamente si coniuga ricerca, decisione, azione? Ci sono spazi e occasioni dedicati a individuare il volere di Dio nella storia? Quali sono gli strumenti usati?**

Ef 5,11 - "*Non partecipate alle opere infruttuose delle tenebre; piuttosto denunciatele*". **Abbiamo il coraggio di denunciare ad alta voce le ingiustizie, a partire da quelle che viviamo nelle nostre comunità di vita e di fede? La denuncia di ogni violazione della bontà, della giustizia, della verità soprattutto là dove sono perpetrate da persone che vogliono dare immagini di correttezza, di saggezza e vivono invece molte volte al limite della legalità?**

RICOLMI DELLO SPIRITO (Ef 5, 15-21)
Profittare del tempo (vv. 15-17)

"*Dunque guardate attentamente a come procedete, non come stolti, ma come sapienti*" (v. 15). Poco prima l'Apostolo aveva sviluppato l'antitesi tra credenti e pagani mediante la metafora luce-tenebre, qui continua a pensare il contrasto tra i due gruppi con un'altra coppia di termini: "sapienza/stoltezza". Il credente è invitato a non lasciarsi guidare dalla stoltezza perché con la luce del battesimo fruisce di Cristo-sapienza e può orientare la sua vita secondo quella luce-conoscenza. Paolo invita quindi a una verifica accurata del proprio vivere per non cadere nell'inganno dell'insipienza delle tenebre.

"*Riscattando il tempo, poiché i giorni sono cattivi*" (v. 16). La sapienza consiste anzitutto nel mettere a profitto il tempo che è dato. I "giorni sono cattivi" nel senso che "il mistero dell'iniquità è già in atto" (2Ts 2, 7): la presenza del Regno è ostacolata dal male. Saremmo davanti al pensiero del giudaismo secondo il quale "questo mondo è pieno di male" e destinato a essere sostituito con "il mondo che viene". Il battezzato deve impegnarsi con tutte le forze contro il potere delle tenebre. È però da preferire l'idea che l'espressione "i giorni sono cattivi" significhi semplicemente che al credente è dato solo questo tempo che scorre in modo irrefrenabile per conformarsi al disegno sapiente di Dio. Il verbo usato "**riscattare**" significa "**comprare al mercato**" "**riscattare, ma facendo un buon affare**", "**acquistare a condizioni vantaggiose**". Il battezzato riscatta il tempo passato mettendo a profitto l'opportunità che gli viene ora concessa, perché ogni attimo del presente è un'occasione per far tesoro di quelle ricchezze che non periscono (cfr. Lc 12, 33). Pochi versetti sopra Paolo aveva caratterizzato la perdita di tempo come il dire volgarità, facendo discorsi stolti e vuoti (cfr. Ef 5, 4).

L'uomo è oggetto dell'azione di riscatto, di redenzione che Cristo ha compiuto con la sua morte: siamo stati riscattati grazie al sangue di Cristo. Il cristiano, dunque, liberato dalla schiavitù del peccato e della morte, è ora capace a sua volta di riscattare, cioè di liberare da condizionamenti negativi, quel che c'è di più ambiguo nella vita umana: il tempo. Questo elemento contiene in sé una valenza duplice: è occasione di salvezza e gioia, ma può essere tempo di morte, di peccato. Nelle mani dell'uomo salvato c'è il potere di liberarlo, riscattarlo e trasformarlo in un'eternità di vita.

"*Perciò non siate insensati, ma cercate di comprendere qual è la volontà del Signore*" (v. 17). A conclusione troviamo un'esortazione a essere sapienti. La sapienza è discernere ciò che è gradito a Dio e aderire pienamente alla sua volontà. La comprensione richiesta implica lo sforzo di porre dentro la mente e di custodire ciò che si è acquisito. Paolo torna quindi ancora una volta a ribadire il principio assoluto della vita cristiana che è la conoscenza e il compimento della volontà di Dio.

Ef 5, 15-16 - Abbiamo qui un'esortazione a vigilare, a mettere a profitto il momento opportuno (in greco *kairos*), perché il tempo che abbiamo a disposizione è limitato e deve essere usato per il bene di tutti e per combattere l'arrogante presenza del male nel mondo. **Sappiamo vivere in pienezza il tempo che ci è dato e far tesoro di tutte le occasioni propizie che si presentano per favorire la realizzazione del Regno di Dio? Sappiamo essere alternativi rispetto al modo comune di vivere il tempo? Siamo anche noi di quelli che si lamentano permanentemente di "non avere tempo"? Ci facciamo travolgere dal ritmo frenetico o sappiamo essere, nella libertà, "signori del tempo"? Di fatto siamo nella logica del "cronos" o del "kairos"?**

Aprirsi al dono dello Spirito (vv. 18-21)

"*Non ubriacatevi di vino nel quale c'è dissolutezza, ma lasciatevi riempire nello Spirito*" (v. 18). Dopo l'invito alla sapienza e alla ricerca della volontà di Dio troviamo altri due imperativi: "**non ubriacatevi**" e "**lasciatevi riempire nello Spirito**". Esiste una stretta connessione logica tra le tre affermazioni: dopo aver richiesto ai credenti consapevolezza e controllo nelle loro azioni ("cercate di comprendere qual è la volontà del Signore"), Paolo li invita a fuggire l'atteggiamento opposto: l'incapacità di autodeterminarsi perché avvinti dalla schiavitù ottenebrante, dall'ubriacatura del vino. Il credente è colui che è avvinto dallo Spirito, "ubriaco" solo di lui, di un'ubriacatura che non è insipienza o perdita di conoscenza, ma conseguimento del sapere e dell'agire divino. Il pericolo seducente del vino ricorre nell'ammonizione sapienziale come rischio da evitare; a questa fa eco anche l'ammonimento apostolico (cfr. Prov 23, 30-32; 31, 1-9; Mt 24, 49; 1Cor 5, 11; 6, 10; 1Tm 3, 8; Tt 2, 3). Per superare l'ansia, la depressione e la monotonia di una vita priva di senso e di gioia, il battezzato non affoga i suoi problemi nell'incoscienza, nell'evasione o nella perdita dell'autocontrollo. Il passaggio dall'ebbrezza del vino a quella dello Spirito è suggerito anche dagli eventi della mattina della Pentecoste: i pellegrini giudei ritenevano ubriachi coloro che, invece, erano stati ricolmati del dono dello Spirito. Il tema dell'ebbrezza serve a esprimere l'idea di pienezza, di esuberanza alla quale sono chiamati i battezzati. L'imperativo passivo usato in greco non può essere tradotto con "*siate riempiti dello Spirito*" perché verrebbe a esprimere un impegno che dipende dal soggetto che può e deve agire; con la forma passiva si esprime, invece, un accadimento che non dipende dalla volontà umana: un subire l'azione. Siamo davanti a una di quelle forme verbali che manifestano il genio teologico di Paolo: al credente si chiede la collaborazione, "un lasciarsi fare" dallo Spirito, un creare spazio all'azione potente affinché nessun ostacolo impedisca l'essere riempiti di Dio. Tutto questo avviene "nello Spirito"; lo Spirito non è solo il "luogo figurato" del riempimento, ma anche ciò di cui i battezzati vengono colmati. L'espressione può essere quindi anche tradotta "con lo Spirito".

"*Parlando tra di voi con salmi e inni e canti spirituali, cantando e salmodiando nel vostro cuore al Signore*" (v. 19). I versetti 19-21 costituiscono sintatticamente tre frasi participiali che, congiunte con l'ultimo imperativo "lasciatevi riempire nello Spirito", indicano la modalità con cui il fedele si apre all'inabitazione da parte dello Spirito.

Nel v 19 si afferma che al primo posto deve esserci la preghiera, che permette allo Spirito di prendere possesso della persona, unendola a Dio. La preghiera è presentata nella duplice prospettiva, comunitaria ("parlando tra voi") e personale ("nel vostro cuore"). Si tratta di una esperienza di preghiera che ricorre alle forme più genuine dell'uomo biblico, si prega cioè servendosi di "inni" e "salmi". I "canti spirituali" di cui si parla possono essere le nuove composizioni suggerite dallo Spirito oppure anche preghiere spontanee, formulate sempre sotto la mozione dello Spirito. Per Paolo i cristiani devono continuare, come già gli ebrei, a servirsi della stessa Parola quale strumento privilegiato per rivolgersi a Dio.

Il verbo "*salmodiare*" significa fare musica con strumenti a corda, ma è poi passato a indicare la composizione stessa. Questo ci fa capire che la preghiera è fatta e vissuta nella gioia di cui il canto e gli strumenti sono l'espressione.

"*Rendendo grazie sempre e per tutto nel nome del Signore nostro Gesù Cristo a Dio Padre*" (v. 20). Nel cuore del credente non può esserci spazio per il pessimismo, la rassegnazione, un rapporto con il Signore in cui si rinfaccia, si pretende o si accampano diritti come se fossimo creditori di Dio. L'atteggiamento richiesto è, invece, la gratitudine, il riconoscere sempre e in ogni circostanza la benevolenza di Dio. La vita di fede è la base della gioia: dove c'è scontentezza, là c'è ingratitudine e assenza di fede. Paolo traccia qui una forma semplice, ma maestra della vita spirituale: rendere grazie sempre, di fronte alle gioie ma anche di fronte ai problemi piccoli e grandi. Se ho l'umiltà e la forza di ringraziare significa che vivo la mia vita in accordo con lo Spirito, riconoscendo Dio presente in ogni circostanza. Quando ogni difficoltà si trasforma in canto di ringraziamento a Dio, allora posso comprendere perché la vita di fede è vita di gioia: è lo Spirito della pace che riversa nel cuore il seme della speranza divina.

"*Essendo sottomessi gli uni gli altri nel timore di Cristo*" (v 21). Si discute se questo versetto sia la conclusione di ciò che precede (vv. 18.20) o se vada collegato con il v 22. Sintatticamente non è possibile separarlo da ciò che precede, ma esso dà lo spunto per la sezione successiva, dedicata ai rapporti domestici, che si concluderà in Ef 6, 9. Il verbo "sottomettere" ricorre 23 volte negli scritti di Paolo e descrive un rapporto di subordinazione a qualcuno o qualcosa. Mentre i pagani sono stati definiti nella Lettera "figli dell'insubordinazione", "figli della disobbedienza" (2, 2; 5, 6), i cristiani vengono presentati come coloro che si subordinano, si sottomettono vicendevolmente. Il codice d'identità del pagano è l'indipendenza e l'autonomia; quello del battezzato la dipendenza e la comunione. L'espressione "essere sottomessi gli uni gli altri" equivale a "portare i pesi gli uni degli altri" (Gal 6, 2). Il fedele, libero dalla schiavitù della carne e del peccato, sa che la vita non può essere vissuta nell'isolamento dagli altri, ma va realizzata nella condivisione e nel sostegno reciproco, cioè nello "stare sotto", "sostenere", "sopportare" tutti i pesi che la debolezza, e talvolta anche la cattiveria degli uomini, ci impongono. Presupposto di questo reciproco aiuto è che "non viviamo più per il nostro piacere", ma solo "per piacere al prossimo, in vista del bene e per l'edificazione" (Rom 15, 1-2).

"Nel timore di Cristo". L'amore cristiano deve continuare a incarnarsi come quello di Cristo e in unione a lui. Solo amando come Lui ci ha amato, solo essendo sottomessi come Lui si è sottomesso all'uomo e alla storia, noi potremo amare i fratelli e obbedire loro nelle circostanze che ci sono offerte come storia concreta di salvezza. Va accettato, in dimensione obbedienziale, non il capriccio o ciò che non è bene, ma la situazione personale, il modo di pensare e di esistere dell'altro, senza permettere che la diversità distrugga la comunione, che è condizione del vero amore e della salvezza. Il credente non si illude e sa che non può crescere nella conoscenza di Dio se non vive in comunione con il fratello, se non si mette in gioco in una relazione sincera e onesta. Egli sa anche che questo rapportarsi agli altri assume un aspetto di sottomissione e adeguamento ai bisogni del fratello. La reciprocità del rapporto e dell'incontro obbedienziale, libera poi il fedele dal rischio di strumentalizzare l'altro, di abusare della sua disponibilità e della sua fede. Il "timore" di cui si parla è, infatti, l'atteggiamento di fede per cui il credente è chiamato a vivere nell'accettazione quotidiana del fardello della propria vita.

Un'ultima attualizzazione.

Ef 5, 18-21 - *"Non ubriacatevi di vino, ma siate ricolmi dello Spirito"*. Oggi molti si riempiono di alcool e di droghe, cercando di colmare il proprio vuoto interiore. Quali motivazioni riteniamo siano alla base della "cultura dello sballo" così diffusa? Chi si rifugia in questi comportamenti non sa o non ricorda che ogni battezzato ha ricevuto il dono dello Spirito, che lo inabita e lo riempie. **Come far riscoprire questa "pienezza spirituale" che dà la forza per affrontare la fatica del vivere e combattere ogni vizio?**

Ef 5, 20 - *"È veramente cosa buona e giusta, nostro dovere e fonte di salvezza, rendere grazie sempre e in ogni luogo a te, Padre santo, per Gesù Cristo, tuo dilettissimo Figlio"* (Prefazio della preg. euc. II). **Viviamo la nostra vita come rendimento di grazie a Dio in Gesù Cristo? Cos'è per noi l'eucaristia? Quale spazio viene dato al rendimento di grazie e alla lode**

nella preghiera comunitaria e personale, non solo come forma di preghiera, ma molto di più come stile di vita?

Ef 5, 20 -"*Ringraziando continuamente per ogni cosa Dio Padre nel nome del Signore nostro Gesù Cristo*". Abbiamo a nostra disposizione enormi quantità di beni e opportunità e li consideriamo spesso come frutto unico del nostro operare, puri oggetti di consumo e non riconosciamo che essi vengono da Dio. **Quanto ringraziamo Dio nella nostra vita? Per che cosa? Rileggiamo il "Cantico delle creature" di S. Francesco e chiediamoci quale fosse il suo rapporto con le cose, per poi meglio verificare il nostro.**

Ef 5, 21 – Il versetto introduce la sezione del codice domestico (5, 21-6,9) con l'esortazione alla "sotto-missione". La vita cristiana in ogni condizione è descritta come offerta vicendevole che nasce dalla capacità di considerare gli altri superiori a sé stessi, reprimere l'orgoglio e lo spirito autoritario che è distruttivo per la crescita della comunità. Chi ama sa sottomettersi e cammina nell'amore. **Che senso può avere per noi, bersagliati da messaggi di competizione e prevaricazione sull'altro, un tale invito? Come riusciamo nelle nostre comunità a esprimere la sottomissione reciproca seguendo l'esempio di Cristo che si è fatto servo di tutti? Quali passi di conversione, personali e comunitari, sappiamo suggerire per il personale cammino meditando questa esortazione?**

Volendo fare una breve sintesi finale, risulta abbastanza chiaro come alcuni temi siano elementi sottesi a tutta l'argomentazione dell'autore:

1. **i valori in gioco**: anche se in maniera alquanto generale, l'autore sente il bisogno di chiarire alcuni dei valori essenziali che sono in gioco nell'esperienza umana, contrapponendo a quelli negativi valorizzati dal mondo, quelli positivi derivati dalla rivelazione di Dio e conformi alla natura umana come pensata e voluta da Lui (vv. 3.4.5.9);
2. **l'uso della parola**: con una lunga serie di riferimenti diretti o indiretti (vv. 3.6.11.12.13.19.20) l'autore intende sottolineare come non sia in nulla indifferente per un credente il modo in cui usa le parole. Ad

un parlare insipiente e accondiscendente verso il male deve contrapporsi un parlare sapiente, che stigmatizzi il male e che si riempia positivamente di preghiera di lode e di ringraziamento;

3. il discernimento: il cristiano, guidato dallo spirito (v. 18), è chiamato non tanto a mettere concretamente in pratica un insieme di leggi (come avveniva per il credente giudeo riguardo alla legge di Mosé), quanto a operare, sotto la guida dello stesso Spirito, individuando nelle circostanze della vita come corrispondere al meglio al progetto di Dio, rivelatosi in Cristo (vv. 10.15.17).

4. il rendimento di grazie: dalla rivelazione del progetto di salvezza pensato e realizzato da Dio in Cristo a suo favore (1, 3-14), il cristiano deriva l'atteggiamento di fondo della sua vita, il ringraziamento gioioso e costante per una così straordinaria e immeritata speranza di salvezza (vv. 4 e 20).

Sesta Meditazione

2Cor 3,12-4,6

[12]Forti di tale speranza, ci comportiamo con molta franchezza [13]e non facciamo come Mosè che poneva un velo sul suo volto, perché i figli d'Israele non vedessero la fine di ciò che era solo effimero. [14]Ma le loro menti furono indurite; infatti fino ad oggi quel medesimo velo rimane, non rimosso, quando si legge l'Antico Testamento, perché è in Cristo che esso viene eliminato. [15]Fino ad oggi, quando si legge Mosè, un velo è steso sul loro cuore; [16] ma quando vi sarà la conversione al Signore, il velo sarà tolto. [17]Il Signore è lo Spirito e, dove c'è lo Spirito del Signore, c'è libertà. [18]E noi tutti, a viso scoperto, riflettendo come in uno specchio la gloria del Signore, veniamo trasformati in quella medesima immagine, di gloria in gloria, secondo l'azione dello Spirito del Signore.
[1] Perciò, avendo questo ministero, secondo la misericordia che ci è stata accordata, non ci perdiamo d'animo. [2]Al contrario, abbiamo rifiutato le dissimulazioni vergognose, senza comportarci con astuzia né falsificando la parola di Dio, ma annunciando apertamente la verità e presentandoci davanti a ogni coscienza umana, al cospetto di Dio. [3]E se il nostro Vangelo rimane velato, lo è in coloro che si perdono: [4]in loro, increduli, il dio di questo mondo ha accecato la mente, perché non vedano lo splendore del glorioso vangelo di Cristo, che è immagine di Dio. [5]Noi infatti non annunciamo noi stessi, ma Cristo Gesù Signore: quanto a noi, siamo i vostri servitori a causa di Gesù. [6]E Dio, che disse: "Rifulga la luce dalle tenebre", rifulse nei nostri cuori, per far risplendere la conoscenza della gloria di Dio sul volto di Cristo.

S. Paolo[17] nei versetti precedenti afferma con molta fermezza che il ministero dell'AT è un "ministero della morte" (v. 7). Difatti, esso consiste in "lettere" e non in parole vive, capaci di donare vita. Per di più, la legge è scritta su "pietre", che, per connessione di idee, richiamano la fissità e la freddezza tipiche della morte. Paolo attraverso la definizione della legge mosaica nei

[17] Per il commento esegetico vedi opere citate in bibliografia sulle Lettere di San Paolo.

termini di un "ministero della morte", giunge a contraddire audacemente la concezione anticotestamentaria e giudaica della legge, che la considerava invece come una sorgente inesauribile di vita. Al contrario, per l'Apostolo, essa è di fatto a "servizio" della morte e finisce per dare la morte. Per Paolo la legge è sì efficace, ma non nel dare la vita, quanto piuttosto nel condannare i peccatori.

Per di più, i peccatori, non ricevendo dalla legge la forza necessaria per osservarla, la trasgrediscono. Di conseguenza sono maledetti dalla legge stessa e s'incamminano così verso la perdizione.

La pericope di Es 34, 29-35, a cui fa riferimento Paolo, così come in alcun passo dell'AT, non fa cenno che la "gloria" del volto di Mosè fosse effimero, tanto da scomparire dopo un certo tempo, come Paolo invece esplicita in 2 Cor 3, 13. Il fatto che la pericope esodica non esplicita quanto durasse lo splendore del volto di Mosè è per Paolo occasione per ritenere che esso non continuasse a lungo dopo l'incontro del mediatore con Dio. L'intenzione di Paolo è quella di mostrare l'inferiorità della gloria del ministero svolto da Mosè rispetto alla gloria del ministero apostolico. Inoltre Paolo ha la piena consapevolezza dell'adempimento cristiano dell'AT, tanto da definire che il ministero del NT rispetto a quello dell'AT è "molto più" glorioso (vv. 8-9.11). Questo non toglie al ministero dell'AT che fosse glorioso, ma non perfetto. Paolo intende ribadire che il NT è il compimento dell'AT, per cui egli non nega la gloria del ministero antico e riconosce che, per certi aspetti, la legge permane nel suo splendore anche nel presente.

La superiorità della gloria del ministero apostolico sta nel fatto che soltanto esso permette agli uomini di essere giustificati dai loro peccati, ossia di essere resi giusti al cospetto di Dio. Paolo lo definisce, pertanto, "ministero della giustizia".

Convinto che la missione apostolica sia un "ministero dello Spirito", "della giustizia" e, quindi, sia una realtà gloriosa e permanente, a questo punto Paolo esprime la "speranza" che tali caratteristiche si attuino anche nella propria attività ministeriale. Ed è questa speranza a spingerlo a comportarsi con "molta franchezza".

Il termine *parrésia* in Paolo indica la franchezza nei rapporti con gli uomini e, prima ancora, con Dio. Paolo per far comprendere bene il termine pone il paragone con Mosè. Il testo di Es 34,33.35 (Settanta), ripreso da 2 Cor 3,13, racconta che Mosè, dopo aver incontrato Dio nella tenda del culto e dopo aver trasmesso al popolo il messaggio divino a volto scoperto, si velavi il viso. Il brano esodico non spiega perché Mosè si comportasse in questo modo. Ma, dato che egli lasciava vedere lo splendore del volto soltanto quando comunicava al popolo i messaggi di Dio, è probabile che utilizzasse questo segno straordinario come conferma dell'autenticità della sua comunicazione. Adempiuto questo compito, Mosè non utilizzava questo segno straordinario per altri fini. Dunque, sembra verosimile che a motivare il suo comportamento fosse la modestia e il disinteresse personale. Comunque sia, per Paolo, Mosè si velava il volto per evitare che gli Israeliti notassero il carattere effimero del suo splendore (2 Cor 3, 13). In questo modo. Paolo conferma quanto ha già sostenuto nei vv. 7.11 sulla transitorietà della gloria del ministero antico. Dunque, il paragone con Mosè permette già di comprendere il significato della *parrésia* dei ministri della nuova alleanza (v. 12): essa è un atteggiamento contrario a quello di chi - come Mosè - nasconde qualcosa di sé.

Inoltre, è molto verosimile che Paolo faccia qui un gioco di parole fra il sostantivo greco *parresia* e due espressioni aramaiche corrispondenti: *glh 'pjn* («scoprirsi il volto») e *glh r's* («scoprirsi il capo»). In effetti, ai tempi di Paolo, queste espressioni erano frasi idiomatiche per indicare la franchezza e la libertà. Al contrario, «coprirsi il volto» e «coprirsi il capo» erano segni di vergogna o di lutto. Considerato ciò (cf 1 Cor 11, 4), si chiarisce ulteriormente il significato di 2Cor 3,12: non avendo nulla da nascondere, Paolo parla senza alcuna dissimulazione.

Come è il linguaggio che uso? Come mi relaziono con le persone e in particolare con l'autorità? Cosa cerco: la fedeltà al vangelo o la stima della mia persona? Mi vergogno della mia fragilità, dei miei difetti cercando in ogni modo di mascherarli per non perdere la mia posizione davanti agli altri o mi preoccupo piuttosto di far incontrare Cristo e non la mia persona?

Nei vv. 13-14, Paolo rileva l'irrigidimento dei modi di pensare (*noemata*) dei «figli di Israele». Paolo, alludendo alla vicenda dei «figli di Israele» contemporanei a Mosè, si comprende che faccia riferimento probabilmente ai suoi rivali, come conferma anche l'insistenza sull'«oggi» nei vv. 14-15. È impossibile, però, stabilire con certezza se i rivali contro cui Paolo sta polemizzando qui siano i Giudei oppure siano i giudaizzanti che si appellavano anch'essi all'autorità di Mosè. Comunque sia, a parere dell'Apostolo. come gli Israeliti di un tempo non riuscivano ad osservare la scomparsa progressiva dello splendore divino sul volto velato di Mosè, così chi non si converte al Signore non è in grado di comprendere il senso ultimo e definitivo dell'AT.

Il passo di 2 Cor 3, 14 è l'unica volta che nel NT ricorre l'espressione *he palaia diatheké* («l'antica alleanza»). Senza dubbio, con essa Paolo intende in concreti dei testi scritti. Difatti, fa riferimento ad una «lettura» di questa *palaia diatheké* e specifica che ad essere «letti» sono gli scritti tradizionalmente attribuiti a Mosè (v. 15). L'espressione, quindi, designa o il Pentateuco o, per metonimia, l'insieme degli scritti dell'AT. Inoltre, in questo contesto, la *palaia diatheké,* proprio perché è un testo scritto che «si legge» (3, 15; cf v. 14), è «lettera» (*gramma*, vv. 6.7). Ma, per Paolo, «la lettera uccide; lo Spirito, invece, vivifica» (v. 6). In effetti, senza la forza vivificante dello Spirito Santo (vv. 6.8), la *palaia diatheké* rimane «lettera» morta, incapace cioè di portare l'uomo alla vita. Infatti, fino al giorno d'oggi, quel medesimo velo rimane, non rimosso, sulla lettura dell'Antico Testamento, perché (è) in Cristo (che) *esso* è abolito».

Tutto considerato, l'intento fondamentale di Paolo è quello di difendere il ministero della nuova alleanza e, in pericolare, il modo con cui è esercitato da lui stesso e dagli altri apostoli autentici. A questo scopo, egli nega di comportarsi «*come quei molti che barattano la parola di Dio*» (2, 17). Per vili interessi personali, costoro annacquano il vino della dottrina cristiana. Anzi, parafrasando un'immagine evangelica, potremmo dire che giungono a presentare il vino nuovo del vangelo di Cristo negli otri vecchi di concezioni di matrice giudaica.

Per esitare equivoci pericolosi che probabilmente stavano già sorgendo nella Chiesa corinzia a causa della propaganda di questi missionari itineranti, Paolo dà ai Corinzi un chiaro criterio di discernimento: chi interpreta l'AT senza credere che Cristo ne sia il principio interpretativo, non ne comprende il significato pieno e definitivo. In questo modo, gli avversari di Paolo finiscono per essere equiparati a quei figli di Israele, i cui modi di pensare si sono irrigiditi (3, 14), perché, in maniera libera e consapevole, hanno deciso di non accogliere Cristo.

Nonostante il vangelo di Cristo sia capace di illuminare la coscienza di ogni uomo, Paolo non può non riconoscere il fatto che, di fronte alla sua predicazione, alcune persone si chiudono nelle tenebre dell'incredulità e in un'esistenza vissuta per sé stessi.

Questa esperienza di Paolo è di ogni evangelizzatore, quindi anche oggi il vangelo, pur nella sua efficacia, non trova accoglienza. Il rischio diventa maggiore quando gli stessi evangelizzatori si lasciano prendere dalla ricerca di sé stessi, della propria persona e della propria immagine.

Negli ultimi mesi abbiamo più volte sentito il Papa richiamare la chiesa, soprattutto la componente ministeriale, di evitare ogni forma di ricerca del potere. Il 6 giugno 2013, ai futuri diplomatici vaticani, nella cappella di Santa Marta ha affermato: «Il carrierismo è una lebbra, una lebbra. Per favore: niente carrierismo». Ed il 19 maggio 2014, aprendo la 66esima assemblea generale della CEI, ha affermato: «Dobbiamo fuggire la tentazione, la gestione personalistica del tempo, le chiacchiere che diventano bugie, la durezza di chi giudica, il rodersi della gelosia, l'invidia. Quanto è vuoto il cielo di chi è ossessionato da sé stesso. Ognuno dica quello che pensa, senza vergogna».

Quanto sono vere queste parole, quanta ambizione, quanto personale interesse c'è nella Chiesa, sia nelle parrocchie come nelle curie e nelle case religiose. L'uomo resterà sempre lo stesso, solo se si apre a Dio e si lascia convertire dallo Spirito riuscirà ad essere capace di superare la tentazione degli interessi personali. Proviamo, quindi, ad esaminare con maggiore attenzione il nostro comportamento.

Il messaggio di S. Paolo penso lo si possa riassumere così:

Quando ci si converte a Cristo, viene tolto il velo che non permette di comprendere l'Antico Testamento. Ora, Cristo risorto è in una condizione spirituale e continua ad agire attraverso il suo Spirito; dove poi c'è ed esercita la sua attività lo Spirito di Cristo risorto, c'è la libertà dei figli di Dio. E tutti noi cristiani con il volto non velato, riverberando come in uno specchio la gloria di Cristo risorto, veniamo trasformati nella medesima immagine di Cristo, di gloria in gloria, in maniera conforme all'influsso di Cristo risorto, che e in una condizione spirituale e che interviene in noi mediante il suo Spirito.

Siamo, quindi, stati posti nella condizione di essere presenza di Cristo nella realtà in cui viviamo. Siamo nella possibilità di annunciare la potenza di Dio che agisce in chi si converte, ma dobbiamo vivere nella vera *parresia* verso ogni coscienza, senza mistificazioni né riduzioni, ma ancor meno senza personalismi di sorta. Ricordiamo sempre ciò che Gesù ci ha detto: «*Chi vuole salvare la propria vita, la perderà, ma chi perderà la propria vita per causa mia, la salverà*» (Lc 9, 24), che Papa Francesco ha così commentato: "Ma che cosa significa "perdere la vita per causa di Gesù"? Questo può avvenire in due modi: esplicitamente confessando la fede o implicitamente difendendo la verità. [...] E oggi, in tante parti del mondo, ci sono tanti, tanti, – più che nei primi secoli – tanti martiri, che danno la propria vita per Cristo, che sono portati alla morte per non rinnegare Gesù Cristo. Questa è la nostra Chiesa. Oggi abbiamo più martiri che nei primi secoli! Ma c'è anche il martirio quotidiano, che non comporta la morte ma anch'esso è un "perdere la vita" per Cristo, compiendo il proprio dovere con amore, secondo la logica di Gesù, la logica del dono, del sacrificio"[18].

Il nostro dovere quotidiano lo svolgiamo sempre con amore, secondo la logica del dono, sempre con la gioia di incontrare gli altri e di amarli come Cristo li ama?

[18] Francesco, *Angelus del 23 giugno 2013*. Il testo è stato tratto dal sito ufficiale della Santa Sede: https://w2.vatican.va/content/francesco/it/angelus/2013/documents/papa-francesco_angelus_20130623.html.

Settima Meditazione

Gv 21, 1-19

1 Dopo questi fatti, Gesù si manifestò di nuovo ai discepoli sul mare di Tiberìade. E si manifestò così: 2si trovavano insieme Simon Pietro, Tommaso detto Dìdimo, Natanaele di Cana di Galilea, i figli di Zebedeo e altri due discepoli. 3Disse loro Simon Pietro: "Io vado a pescare". Gli dissero: "Veniamo anche noi con te". Allora uscirono e salirono sulla barca; ma quella notte non presero nulla.

4Quando già era l'alba, Gesù stette sulla riva, ma i discepoli non si erano accorti che era Gesù. 5Gesù disse loro: "Figlioli, non avete nulla da mangiare?". Gli risposero: "No". 6Allora egli disse loro: "Gettate la rete dalla parte destra della barca e troverete". La gettarono e non riuscivano più a tirarla su per la grande quantità di pesci. 7Allora quel discepolo che Gesù amava disse a Pietro: "È il Signore!". Simon Pietro, appena udì che era il Signore, si strinse la veste attorno ai fianchi, perché era svestito, e si gettò in mare. 8Gli altri discepoli invece vennero con la barca, trascinando la rete piena di pesci: non erano infatti lontani da terra se non un centinaio di metri.

9Appena scesi a terra, videro un fuoco di brace con del pesce sopra, e del pane. 10Disse loro Gesù: "Portate un po' del pesce che avete preso ora". 11Allora Simon Pietro salì nella barca e trasse a terra la rete piena di centocinquantatré grossi pesci. E benché fossero tanti, la rete non si squarciò. 12Gesù disse loro: "Venite a mangiare". E nessuno dei discepoli osava domandargli: "Chi sei?", perché sapevano bene che era il Signore. 13Gesù si avvicinò, prese il pane e lo diede loro, e così pure il pesce. 14Era la terza volta che Gesù si manifestava ai discepoli, dopo essere risorto dai morti.

15Quand'ebbero mangiato, Gesù disse a Simon Pietro: "Simone, figlio di Giovanni, mi ami più di costoro?". Gli rispose: "Certo, Signore, tu lo sai che ti voglio bene". Gli disse: "Pasci i miei agnelli". 16Gli disse di nuovo, per la seconda volta: "Simone, figlio di Giovanni, mi ami?". Gli rispose: "Certo, Signore, tu lo sai che ti voglio bene". Gli disse: "Pascola le mie pecore". 17Gli disse per la terza volta: "Simone, figlio di Giovanni, mi vuoi bene?". Pietro rimase addolorato che per la terza volta gli domandasse: "Mi vuoi bene?", e gli disse: "Signore, tu conosci tutto; tu sai che ti voglio bene". Gli rispose Gesù: "Pasci le mie pecore. [18]*In verità, in verità io ti dico: quando eri più giovane ti vestivi da solo e andavi dove volevi; ma quando sarai vecchio tenderai le tue mani, e un altro ti vestirà e ti porterà dove tu non vuoi".* [19]*Questo disse per indicare con quale morte egli avrebbe glorificato Dio. E, detto questo, aggiunse: "Seguimi".*

Il quarto Vangelo[19] è già perfettamente concluso con il cap. 20. Ma il c. 21 non è un'aggiunta. È come il ripetersi successivo di quell'ondata che Gesù ha messo in moto; ora essa si ripercuote nei discepoli e, tramite loro, si allarga all'infinito, vivificando del suo Spirito il mondo intero. Il cap. 21 quindi si può definire come l'epilogo del Vangelo, iniziato con un prologo. Il prologo presenta la preistoria di Gesù: il Logos eterno di Dio, vita e luce del mondo, divenuto carne. L'epilogo presenta la storia dopo Gesù: i discepoli continuano la sua opera e lo testimoniano al mondo.

Il brano che prendiamo in esame lo dividiamo in due parti: la prima da 1-14, l'apparizione di Gesù presso il Lago di Tiberiade; la seconda da 15-20, il dialogo tra Gesù e Pietro.

L'episodio comincia con l'osservazione del narratore che il Signore si manifestò di nuovo ai discepoli sul Lago di Tiberiade e annuncia il modo in cui si manifestò.

La prima importante sottolineatura è che i discepoli si "trovavano insieme" e "insieme" vanno a pescare. Il primo dei discepoli indicato è Simon Pietro e al suo intento essi rispondono: "io vado" – "veniamo anche noi con te". Questi particolari indicano che il soggetto è la nuova comunità che si ritrova sotto la croce e segue l'invito di Gesù di annunciare, di essere pescatori di uomini, sotto la guida di Pietro.

La decisione di Pietro di andare a pescare, la decisione degli altri discepoli di unirsi a lui e il fatto che durante l'intera notte non abbiano pescato neppure un pesce hanno dato origine a molte speculazioni. Certo che il contrasto tra la mancata pesca di notte e la fruttuosa raccolta fatta all'alba dalla parte destra

---

[19] Per il commento esegetico si rimanda alle opere sul quarto Vangelo citate in Bibliografia.

della barca, dietro il comando di Gesù ha un significato importante e non trascurabile: la missione porta frutto perché non è basata sull'iniziativa dell'uomo, ma sulla fiducia nella parola del Cristo e l'azione dello Spirito pasquale.

La grossa quantità di pesci, "153 grossi pesci", simboleggia la chiesa una e cattolica. Il numero sembra indicare l'universalismo o la pienezza. La sottolineatura che la rete non si strappò nonostante l'elevato numero di grossi pesci ha un significato simbolico analogo a quello della tunica di Gesù; non a caso l'evangelista solo in questi due contesti usa il verbo "*schizein*" "*strappare*". La Chiesa è dunque ben presentata come una, universale e indivisa.

Anche il primato di Pietro, la sua importanza è ben messa in evidenza dall'evangelista: Simon Pietro è il primo della lista; prende l'iniziativa e lo seguono; il discepolo amato informa Pietro della sua intuizione di fede e questi si getta in mare per raggiungere per primo il Signore. È Simon Pietro a salire sulla barca per trarre a terra la rete piena di 153 grossi pesci. Il Signore non solo predice a Pietro che lo seguirà in modo perfetto con una morte violenta per glorificare Dio, ma lo costituisce pastore del suo gregge, dopo avergli rivolto per tre volte una richiesta d'amore. Quindi Simon Pietro occupa il campo dall'inizio alla fine.

La pesca miracolosa ci insegna che l'obbediente risposta al comando di Gesù porta buoni frutti e ci inserisce a pieno titolo nella comunità dei credenti, la Chiesa.

Vivere l'obbedienza alla parola, ma ancor più avere uno stile di vita basato sulla virtù dell'obbedienza permette di conservarci nella volontà di Dio.

Un altro particolare dell'episodio merita di soffermarci un poco: il pasto (vv. 9-14). Al loro arrivo sulla spiaggia i discepoli trovano che è stato preparato un pasto: un fuoco acceso con pesce alla brace e pane. È iniziata la riabilitazione di Pietro. In precedenza si era unito a quello che erano andati ad arrestare Gesù davanti ad un fuoco acceso, ma ora egli è invitato a unirsi a Gesù, per condividere un pasto preparato su un fuoco acceso. Gesù ordina di portare del pesce appena pescato e Pietro obbedisce. Gesù continua a dominare la scena quando comanda loro di mangiare il primo pasto della giornata. C'è una trasformazione completa dei discepoli: prima non hanno riconosciuto Gesù; ora, guidati da Pietro e dal discepolo prediletto, non osano più chiedere l'identità di Gesù: sanno di trovarsi alla presenza del Signore risorto!

Al v. 9 pesci e pane sono già pronti per un pasto, e questi elementi ricordano il miracolo di 6, 1-15 dove pane e pesci vengono moltiplicati per sfamare una moltitudine al tempo di Pasqua.

Nel contesto del messaggio globale di una comunità universale radunata insieme per effetto dell'iniziativa del Cristo risorto sotto la guida di Simon Pietro, gli accenni all'Eucaristia indicano chiaramente che si tratta di uno degli atti di culto più centrali della comunità giovannea.

L'Eucaristia è il fondamento della Chiesa e da essa trova forza e senso il cammino di fede, al punto che i primi martiri cristiani, di fronte a chi li interrogava rispondevano con fermezza: "*Noi cristiani senza la domenica non possiamo vivere*". La doppia affermazione "*L'Eucaristia fa la Chiesa e la Chiesa fa l'Eucaristia*", coniata dal gesuita francese Card. Henri De Lubac (1896-1991), che è stato uno dei pionieri del rinnovamento della Chiesa nel Concilio Vaticano II, esprime chiaramente quanta importanza dobbiamo dare all'Eucaristia come la realtà che modella la Chiesa.

I cuori si modellano a partire dall'incontro con il Cristo, per cui senza questo incontro difficilmente crescerà la fede, al massimo si potrà avere una religiosità fedele, ma non una vita rinnovata dall'amore.

Per questo, a mio avviso, il Papa ha dato molto risalto nella *Evangelii Gaudium* all'omelia, perché è importante aiutare le persone a saper incontrare il Signore e riconoscerlo come colui che dà vita, amando l'Eucaristia e partecipando alla Celebrazione in modo attivo e non passivo.

«**La differenza tra far luce sulla sintesi e far luce su idee slegate tra loro è la stessa che c'è tra la noia e l'ardore del cuore**. Il predicatore ha la bellissima e difficile missione di unire i cuori che si amano: **quello del Signore e quelli del suo popolo**. Il dialogo tra Dio e il suo popolo rafforza ulteriormente l'alleanza tra di loro e rinsalda il vincolo della carità. Durante il tempo dell'omelia, i cuori dei credenti fanno silenzio e lasciano che parli Lui. Il Signore e il suo popolo si parlano in mille modi direttamente, senza intermediari. Tuttavia, nell'omelia, vogliono che qualcuno **faccia da strumento ed esprima i sentimenti**, in modo tale che in seguito ciascuno possa scegliere come continuare la conversazione. La parola è essenzialmente mediatrice e richiede non solo i due dialoganti ma anche un predicatore che la rappresenti come tale, convinto che "noi non annunciamo noi stessi, ma Cristo Gesù Signore: quanto a noi, siamo i vostri servitori a causa di Gesù" (2 Cor 4, 5)» (EG 143)

Tornando al brano biblico di Gv 21, soffermiamoci sulla seconda parte: il dialogo di amore tra Gesù e Pietro.

La domanda di Gesù ripetuta per ben tre volte chiede a Simon Pietro di impegnarsi ad amare Gesù più di quanto egli non ami gli altri discepoli presenti sul posto. Pietro risponde incondizionatamente e fa inoltre presente che il suo amore per Gesù è ben noto al Signore risorto che tutto conosce. In base alla risposta alla sua domanda, Gesù comanda a Pietro di pascere e aver cura delle sue pecore.

Il motivo principale per cui Gesù richiede una triplice confessione d'amore è ovviamente il triplice rinnegamento di Pietro di conoscere Gesù descritto all'inizio della storia della passione (Gv 18, 15-18.25-27). Per quanto fragile, Pietro è stato vicino a Gesù durante il suo ministero, una vicinanza drammaticamente compromessa dal triplice rinnegamento del discepolo e dai successivi avvenimenti della crocifissione di Gesù. L'innalzamento regale di Gesù sulla croce, l'istituzione di una nuova famiglia di Dio e il dono dello Spirito sono stati caratterizzati dalla presenza del Discepolo Prediletto e dall'assenza di Simon Pietro. È necessario che i rinnegamenti vengano sconfessati, perché il ruolo pastorale che Pietro è chiamato a svolgere lo associa al Buon Pastore, per cui egli deve essere certo di avere un rapporto profondo di amore con il Signore per poter amare le pecore come le ama il Buon (bello) Pastore.

Le risposte di Pietro sono imbarazzate ma oneste e convincono il Signore risorto ad accettare le dichiarazioni di amore di Pietro e a stabilire un nuovo rapporto. Un rapporto che ancora una volta parte da Dio, dalla sua libera e amorevole iniziativa. Infatti il testo evidenzia bene che oltre alla risposta onesta di Pietro, anche se imbarazzata, in cui il discepolo va a fondo della sua anima per riconoscere la sua miseria e la sua piena volontà di amare il Signore, Gesù apre il suo cuore e si abbassa al livello di amore dell'uomo perché l'uomo si affidi e arrivi ad amare come lui. Al duplice "*agapao*" segue un "*fileo*", proprio ad indicare che Gesù non chiede all'uomo azioni straordinarie, ma di amarlo nella piena consapevolezza della personale realtà. Amare Dio nella consapevolezza di chi siamo, ma amarlo in verità di coscienza per essere totalmente liberi affidandoci a Lui. Gesù conosce tutto, ma la risposta di Pietro indica proprio che ora anche Pietro è pienamente consapevole di chi è, delle sue miserie, delle sue capacità, della sua impulsività e della sua capacità di affidarsi.

Noi ci conosciamo veramente? Ci accettiamo per quello che siamo? Come operiamo per lasciarci modellare dall'amore di Dio?

L'accettazione incondizionata di Pietro del suo ruolo di pastore del gregge di Gesù porterà anch'essa alla glorificazione di Dio nella sua autodonazione d'amore fino alla morte, sull'esempio di Gesù, obbediente alla volontà del Padre, che ha rivelato l'amore di Dio per il mondo.

Siamo chiamati a questa testimonianza. Fintanto che non impariamo ad amare con il cuore di Dio, non riusciremo a comunicare lui. Amare con il cuore di Dio: ecco cosa dobbiamo chiedere di raggiungere. Il nostro cammino di sequela è di fatto una educazione del cuore. Non si tratta di vivere la buona vita religiosa, facendo tutto quello che è richiesto. Non si tratta di salmodiare, cantare, celebrare, operare pastoralmente; questo lo sappiamo fare, ma si tratta di fare questo con un cuore capace di amare come ama Dio. Questa è la continua conversione da chiedere!

Pietro nella triplice confessione del suo amore al Signore fa una profonda esperienza della "*misericordia rigeneratrice*" di Dio. Lo esprimerà chiaramente nella sua prima Lettera: «*Sia benedetto Dio e Padre del Signore nostro Gesù Cristo, che nella sua grande misericordia ci ha rigenerati, mediante la risurrezione di Gesù Cristo dai morti, per una speranza viva, per un'eredità che non si corrompe, non si macchia e non marcisce. Essa è conservata nei cieli per voi, che dalla potenza di Dio siete custoditi mediante la fede, in vista della salvezza che sta per essere rivelata nell'ultimo tempo.*» (1 Pt 1, 3-5)

Più cresciamo nella esperienza della misericordia rigeneratrice di Dio e più riusciremo a donare "*la speranza viva*" ad ogni persona. La misericordia rigeneratrice di Dio è la rinascita di cui Gesù parla a Nicodemo: il rinascere dall'alto (cfr. Gv 3, 3-7). È l'esperienza forte di Dio che conduce alla conversione del cuore, fondamentale per vivere la sequela di Cristo.

Papa Francesco si è definito "*un peccatore al quale il Signore ha rivolto i suoi occhi*"[20]. Penso che un credente non possa dare di sé una definizione più vera per far comprendere cosa significa essere cristiani, seguaci della Verità, innamorati di un Dio che si è rivelato con uno sguardo di Amore Misericordioso per ogni uomo: "*Se aveste compreso che cosa significhi: "Misericordia io voglio e non sacrifici", non avreste condannato persone senza colpa*" (Mt 12, 8); "*Com'è vero che io vivo - oracolo del Signore Dio -, io non godo della morte del malvagio, ma che il malvagio si converta dalla sua malvagità e viva.*" (Ez 33, 11); "*Gesù diceva: "Padre, perdona loro perché non sanno quello che fanno""* (Lc 23, 34). Incontrare lo sguardo di Dio è possibile solo se siamo disposti a metterci in discussione e lasciarci cambiare da Lui.

Pietro ha incontrato lo sguardo di Cristo, come anche Paolo. Entrambi hanno lavorato su sé stessi per formare il loro cuore a renderlo degno del cuore di Cristo, conforme al cuore di Cristo, per avere i suoi medesimi sentimenti e poter evangelizzare efficacemente.

La formazione del cuore richiede, dunque, capacità di ascolto, di discernimento, di valorizzazione del tempo come attenta ricerca della presenza di Dio, che si presenta a noi nelle persone, nelle situazioni, nei vari momenti della nostra vita.

L'impegno per la formazione del cuore chiede che tutto sia orientato a superare le chiusure, le mozioni egoistiche, l'arroccamento su vedute e comprensioni personali per paura di perdersi, e porsi così a servizio della verità. Il servizio alla Verità è vissuto autenticamente solo da un cuore che si dispone a "lasciarsi abitare da essa", e solo l'ascolto permette che la Verità abiti in noi,

[20] A. Spadaro, *Intervista a Papa Francesco*. Il testo è pubblicato sul sito ufficiale della Santa Sede: https://w2.vatican.va/content/francesco/it/speeches/2013/september/documents/papa-francesco_20130921_intervista-spadaro.html

perché è "Ascolto" che nasce dalla esperienza dell'amore di Dio, che permette di riconoscere la voce del Pastore e seguirlo.

«L'ascolto della fede avviene secondo la forma di conoscenza propria dell'amore: è un ascolto personale, che distingue la voce e riconosce quella del Buon Pastore (cfr Gv 10,3-5); un ascolto che richiede la sequela, come accade con i primi discepoli che, «*sentendolo parlare così, seguirono Gesù*» (Gv 1,37)», così leggiamo in LF 30.

Quindi per camminare nella fede, per seguire il Signore, rispondendo al suo invito ad amarlo, non dobbiamo dimenticare che il vero volto del credente non è quello di colui che "fa tutto bene", nella presunzione di un legalismo senza amore, che ci chiude in una giustizia snaturata e un perbenismo spersonalizzato.

«Il credente non è arrogante; al contrario, la verità lo fa umile, sapendo che, più che possederla noi, è essa che ci abbraccia e ci possiede. Lungi dall'irrigidirci, la sicurezza della fede ci mette in cammino, e rende possibile la testimonianza e il dialogo con tutti» (LF 34).

Concludiamo questa giornata lasciandoci guardare da Gesù che ci chiede di amarlo e impariamo a vederci in verità, senza paura, non dimenticando che ciò che siamo Dio lo ha già amato e lo ha destinato alla gloria. Per cui non perdiamoci mai d'animo, anche nel peccato, nella consapevolezza della nostra miseria, ma sentiamoci chiamati a vivere un amore più grande.

Fil 3, 12-21

12Non ho certo raggiunto la mèta, non sono arrivato alla perfezione; ma mi sforzo di correre per conquistarla, perché anch'io sono stato conquistato da Cristo Gesù. 13Fratelli, io non ritengo ancora di averla conquistata. So soltanto questo: dimenticando ciò che mi sta alle spalle e proteso verso ciò che mi sta di fronte, 14corro verso la mèta, al premio che Dio ci chiama a ricevere lassù, in Cristo Gesù.

15Tutti noi, che siamo perfetti, dobbiamo avere questi sentimenti; se in qualche cosa pensate diversamente, Dio vi illuminerà anche su questo. 16Intanto, dal punto a cui siamo arrivati, insieme procediamo.

17Fratelli, fatevi insieme miei imitatori e guardate quelli che si comportano secondo l'esempio che avete in noi. 18Perché molti - ve l'ho già detto più volte e ora, con le lacrime agli occhi, ve lo ripeto - si comportano da nemici della croce di Cristo. 19La loro sorte finale sarà la perdizione, il ventre è il loro dio. Si vantano di ciò di cui dovrebbero vergognarsi e non pensano che alle cose della terra. 20La nostra cittadinanza infatti è nei cieli e di là aspettiamo come salvatore il Signore Gesù Cristo, 21il quale trasfigurerà il nostro misero corpo per conformarlo al suo corpo glorioso, in virtù del potere che egli ha di sottomettere a sé tutte le cose.

Oggi ci confrontiamo con un testo che sicuramente conosciamo bene e più volte lo abbiamo preso in considerazione per la nostra vita[21]. Ci confrontiamo con la "perfezione", la "santità" e la "meta" del nostro vivere.

Paolo è cosciente di essere in cammino, che richiede impegno faticoso, per giungere alla meta finale della vita cristiana: la piena conoscenza di Cristo partecipando alla sua gloria.

Nel v. 13 Paolo usa il termine "perfezione" volendo intendere la dimensione escatologica e la meta, che appunto indica la piena conoscenza di Cristo, già compiuta dal punto di vista oggettivo con Cristo stesso, deve essere ancora

[21] Per il commento esegetico vedi opere citate in bibliografia sulle Lettere di San Paolo.

perfezionata per ciò che concerne l'adesione della sua libertà. L'unica cosa certa per Paolo è la radicalità del suo distacco con la vita passata e la decisione verso le realtà future, verso le quali "corre" per conquistare il premio!

Il v. 15 inizia con una affermazione che, in apparenza, è contraddittoria rispetto a quanto era stato affermato nel v. 13: noi, *che siamo perfetti / non sono arrivato alla perfezione*. Nel v. 15 il termine perfezione indica la "maturità cristiana", che consiste esattamente nel saper riconoscere il livello raggiunto (v. 16) per poter trarre spunto per un ulteriore avanzamento.

La cosa importante è che ciascuno avanzi a partire dalla situazione in cui effettivamente si trova, senza preoccuparsi di discussione teoriche. Il modo di procedere è indicato con il verbo *stoichein*, un infinito in funzione di imperativo, che indica un avanzare ordinato seguendo i passi di una guida. Paolo invita i cristiani a imitare lui stesso, sottolineando che tale imitazione dev'essere anch'essa un atto comunitario; per fare questo essi devono ispirarsi alle persone che già assumono questa regola di vita. Il "noi" finale del versetto può essere compreso come desiderio di Paolo di associare a sé i suoi più stretti collaboratori, proposti anch'essi come esempio.

Il ministero apostolico non si limita ad annunciare un messaggio, ma si fa anche concreto esempio di ciò che quel messaggio porta in termini di novità di vita.

Paolo non invitava ad imitare lui dal punto di vista etico, ma tenendo presento il modo con cui il suo rapporto con Cristo ha trasfigurato completamente il suo modo di vivere ed il valore che dà alle cose; così egli non è tanto preoccupato che i Filippesi siano teoricamente d'accordo con lui, ma che vivano la sua stessa esperienza di unione con Cristo, facendo attenzione a non imitare chi, pur camminando, va in direzione sbagliata, ed è "nemico della croce di Cristo".

Coloro che sono "nemici della croce di Cristo" sono attaccati ad una visione terrena delle cose, in contrasto a coloro che accolgo Cristo e si aprono alla novità della vita, i quali hanno un "cittadinanza" che si trova "nei cieli". Per Paolo la "cittadinanza celeste" è l'unica vera, sempre che la intendiamo come nostro destino ultimo. Proprio per questo non possiamo pensare di essere già arrivati alla meta, come fanno invece alcuni cristiani che si dimenticano di essere ancora sulla terra, soggetti alla fragilità del mondo. Per Paolo, se si salta la durezza della vita presente, si è "*nemici della croce di Cristo*", che è l'unica via al cielo, alla piena comunione eterna. Sarà la forza della risurrezione di Cristo (vedi 3,10-11) a cambiare questo nostro corpo così fragile in un corpo glorioso come il suo.

Non dobbiamo però interpretare male la "*cittadinanza celeste*", pensando che Paolo intenda educare ad una spiritualità disincarnata, lontana dalla realtà concreta, anche quando parla della vita comune, della vita politica, per riferirsi all'appartenenza a Cristo e alla vita in Lui nello Spirito. Il rapporto con lo Stato fa parte di questa terra, e quindi non possiamo saltarlo, ma nemmeno caricarlo di spiritualità, "vendendogli" l'anima salvifica che non può avere. In uno Stato democratico, un conto è confrontarsi pubblicamente – ma anche politicamente – sulle questioni etico-sociali, un conto è arrivare all'obiezione di coscienza alle leggi esplicitamente in nome di una religione. Allora, Paolo, quando usa il termine della sfera pubblica (*políteuma*), si riferisce solo all'identità etnica di una comunità, che va superata, secondo lui, solo perché mette in crisi l'unica appartenenza a Cristo (vedi Fil 3, 1-7). È dunque un vivere nel mondo senza essere del mondo. Non dimenticare la responsabilità di essere lievito, sale, luce della realtà nella quale siamo chiamati a vivere. Siamo chiamati a vivere pienamente la realtà, ma con la dovuta estraneità che ci permette di essere capaci di leggere i segni dei tempi, tutto nella volontà di Dio.

Siffatta estraneità non è colta, paradossalmente, proprio dai «nemici della croce di Cristo», perché, pensando di essere già nella gloria, non si pongono neppure il problema, e così non si accorgono di restare legati visceralmente a qualche "dio" di questa terra.

Molto spesso la nostra identità religiosa diventa un rifugio per fuggire dai problemi della realtà. Spesso riduciamo la nostra fede ad una religiosità che, grazie alle norme e le tradizioni, danno sicurezza ma che di fatto allontanano dal cuore delle persone.

Il giudizio di Paolo riguarda il vantarsi in modo "carnale": uno accampa dei diritti "vantaggiosi" davanti a Dio, in quanto è troppo fiero di far parte di una comunità religiosa. Per questo motivo bisogna essere disposti a perdere tale sicurezza per guadagnare la vita eterna, come, d'altronde, diceva Gesù prima di

Paolo. Precisiamo: la critica non riguarda le forme esteriori della religione, come sembra a prima vista, ma l'attaccamento cieco alla propria tradizione. E proprio la conversione da questo crudele accanimento era stata la svolta pasquale di Paolo sulla via di Damasco.

In chi pongo la mia sicurezza: nella mia corretta vita religiosa o in Cristo? Come vivo la realtà della mia vita?

Il lavoro importante di oggi deve essere riservato a leggere la situazione in cui effettivamente ci si trova, senza preoccuparsi di discussione teoriche, di analisi di carattere sociologico, psicologico o teologico, per comprendere quale percorso di crescita spirituale il Signore mi chiede di compiere.

In particolare vorrei invitarvi a considerare meglio il cammino spirituale che finora è stato fatto. **Come vivo la mia fede? C'è gioia, serenità, disponibilità, amore, accoglienza, attenzione, passione? Come mi lascio guidare? Accetto le critiche, i giudizi, le correzioni? Mi preoccupo di camminare, di crescere nella perfezione, nella santità?**

Concludendo vorrei ricordare che la santità non dipende dalle opere. Non diventeremo santi per le opere che compiamo, ma se ci lasciamo abitare dallo Spirito Santo. Essere perfetti, come è perfetto Dio Padre, è possibile solo se ci lasciamo abitare da Lui: diventeremo perfetti perché Colui che è perfetto rende perfetta la nostra realtà che in sé è perfettibile, ma non perfetta.

Il cammino di santità è lasciarsi abitare da Colui che è perfetto; non è essere perfetti, non sbagliare mai, non peccare mai, ma è non opporre resistenza a Colui che è perfetto e rende perfetta la nostra vita perfettibile.

La santità non è frutto del nostro sforzo, del nostro lavoro e impegno, ma è azione dello Spirito in noi. L'unica nostra partecipazione al cammino di santità è il lasciare agire lo Spirito in noi, grazie al discernimento spirituale, alla preghiera, alla vita di grazia!

L'accompagnamento spirituale è "guardare oltre" le strettezze della vita umana per comprendere la volontà di Dio che ognuno è chiamato a realizzare; è un "guardare oltre" per aprirsi a Dio e vivere di Lui superando il proprio limite.

L'accompagnamento spirituale[22] non va confuso con l'accompagnamento psicologico (che è pur necessario) perché la psicologia si ferma alla realtà dell'uomo cercando di aiutarla a conoscersi e a risolvere i problemi, mentre la direzione spirituale parte dalla realtà dell'uomo per aiutarlo ad aprirsi alla realtà di Dio, assumendo per la propria vita la capacità di andare "oltre" la propria realtà per comprendersi e vivere in Dio.

L'accompagnamento spirituale spesso è confuso con un dialogo da cui ricevere delle risposte al problema immediato che posso vivere in quel momento. Per cui se non ho problemi non c'è bisogno che vada dal direttore spirituale. Ma l'accompagnamento spirituale non è una risposta immediata ai problemi.

Cosa è, dunque, l'accompagnamento spirituale? È fare discernimento sulla propria vita per vivere nella volontà di Dio, per comprendere cosa fare per operare nella volontà di Dio. Per fare questo non ci sono risposte immediate, c'è un cammino da compiere, un accompagnamento, un ascolto, non una risposta a buon mercato su un problema immediato. La risposta o le indicazioni che si possono ricevere sono finalizzate a indirizzare e ad aiutare a continuare a fare discernimento. È un lavoro interiore lento, finalizzato a condurre alla piena maturità in Cristo.

Vivo con fedeltà la direzione spirituale?

[22] Sul tema dell'accompagnamento spirituale e la direzione spirituale si veda: F. F. Carvajal, *La direzione spirituale. Come, perché per chi & da chi*, Ares, Milano 2012; A. Grün, *L'accompagnamento spirituale nei Padri del deserto*, Paoline, Milano 2010[3]; C. M Martini. – R. Vignolo – L. Manicardi – R. Capitanio, *L'accompagnamento spirituale*, Ancora, Milano 2007; A. Mercatali – B. Giordani, *La direzione spirituale come incontro di aiuto*, La Scuola Editrice, Brescia 1987[2]; L. M. Mendizábal, *La direzione spirituale. Teoria e pratica*, EDB, Bologna 1990; T. Merton, *Direzione spirituale e meditazione*, Edizione Messaggero, Padova 2005; H. J. M. Nouwen, *La direzione spirituale. Sapienza per il lungo cammino della fede*, Queriniana, Brescia 2007.

Nona Meditazione

2 Cor 5, 1-10

[1] Sappiamo infatti che, quando sarà distrutta la nostra dimora terrena, che è come una tenda, riceveremo da Dio un'abitazione, una dimora non costruita da mani d'uomo, eterna, nei cieli. [2]Perciò, in questa condizione, noi gemiamo e desideriamo rivestirci della nostra abitazione celeste [3]purché siamo trovati vestiti, non nudi. [4]In realtà quanti siamo in questa tenda sospiriamo come sotto un peso, perché non vogliamo essere spogliati ma rivestiti, affinché ciò che è mortale venga assorbito dalla vita. [5]E chi ci ha fatti proprio per questo è Dio, che ci ha dato la caparra dello Spirito.
[6]Dunque, sempre pieni di fiducia e sapendo che siamo in esilio lontano dal Signore finché abitiamo nel corpo - [7]camminiamo infatti nella fede e non nella visione -, [8]siamo pieni di fiducia e preferiamo andare in esilio dal corpo e abitare presso il Signore. [9]Perciò, sia abitando nel corpo sia andando in esilio, ci sforziamo di essere a lui graditi. [10]Tutti infatti dobbiamo comparire davanti al tribunale di Cristo, per ricevere ciascuno la ricompensa delle opere compiute quando era nel corpo, sia in bene che in male.

Iniziamo prima dall'analisi del testo, che ci permetterà soprattutto di comprendere anche la visione di Paolo della vita eterna e della venuta del Cristo. Al termine cercheremo di dare qualche attualizzazione per il lavoro personale.

Le «realtà invisibili» ed «eterne» (2Cor 4, 18) sono in sostanza quelle che il cristiano vivrà da risorto. Perciò, a partire dalla considerazione del disfacimento, in cui in maniera progressiva e inevitabile cade l'«uomo esteriore» (v. 16) per le malattie, la vecchiaia e la morte, Paolo intraprende una riflessione sulla risurrezione (5, 1).

Per richiamare la tensione spirituale del cristiano verso la risurrezione, l'Apostolo ricorre alle immagini dell'abitazione (vv. 1.6-9) e del vestito (vv. 2-4). Più precisamente, la prima immagine è quella del trasloco da un'abitazione ad un'altra. Tra l'esistenza terrena e quella celeste esiste una sproporzione evidente. La casa «terrena» non è altro che una «tenda», provvisoria come le abitazioni dei nomadi o dei pellegrini (cf Sap 9, 15; 2Pt 1, 13). Difatti, il corpo umano sarà inevitabilmente distrutto dalla morte fisica. In netto contrasto con la caducità e la provvisorietà nomadica dell'abitazione terrena, Paolo immagina quella celeste come una «*casa*» stabile. Fuori dall'immagine: a differenza del corpo terreno che è corruttibile, il corpo risorto è «eterno», nel senso che non è soggetto ad alcun deterioramento. Inoltre, l'abitazione celeste «non» è «manufatta» dagli uomini, come la tenda; ma è edificata «da Dio». *In effetti, il corpo risorto è frutto non dei processi generativi umani, ma di un intervento ricreatore di Dio* (cf 2Cor 5, 17).

In quest'ordine di idee si comprende perché Paolo desideri a tal punto realizzare questa specie di trasloco dall'esistenza terrena a quella celeste, da emettere quasi dei gemiti, sotto il peso delle vicissitudini che lo sovrastano (v. 4; cf Rm 8, 22-23.26). Paolo non desidera semplicemente risorgere, ma attende una trasformazione più complessa di sé stesso.

Per spiegarla, egli passa dalla metafora edile a quella tessile del vestito: i cristiani desiderano «essere rivestiti della dimora celeste» (2Cor 5, 2), sempre che saranno «trovati vestiti (e) non nudi» (v. 3).

Ma lasciando che la prima immagine riappaia e rimanga presente accanto all'altra, Paolo scrive: *«E infatti, quanti siamo in questa tenda, gemiamo appesantiti, per il fatto che non vogliamo essere svestiti ma rivestiti»* come di una sopravveste (v. 4). Infine, Paolo chiarisce quali sono i termini reali della questione: *«la realtà mortale» sarà «ingoiata dalla vita»* (v. 4).

Attraverso questo gioco di immagini, Paolo ammette di coltivare il desiderio di passare in maniera diretta dall'attuale situazione terrena a quella celeste della vita definitiva con Dio. Sembra, quindi, che Paolo, presupponendo forse un imminente ritorno di Cristo glorioso, preferisca non affrontare la spoliazione ripugnante della morte fisica. Tanto più che - stando al cenno di 2Cor 1, 9.10 *«Abbiamo addirittura ricevuto su di noi la sentenza di morte, perché non ponessimo fiducia in noi stessi, ma nel Dio che risuscita i morti. Da quella morte però egli ci ha liberato e ci libererà, e per la speranza che abbiamo in lui ancora ci libererà»* -, l'Apostolo è stato di recente sfiorato dalla morte e tale esperienza deve avere senza dubbio influenzato la sua visione del ministero apostolico come esperienza di profonda partecipazione alla morte di Gesù (cf 4, 8-12).

Piuttosto oscura è la puntualizzazione di 2Cor 5, 3: «*supposto che saremo trovati vestiti (e) non nudi*». Alla luce del contesto letterario prossimo e di 1Cor 15, 53-54 («*È necessario infatti che questo corpo corruttibile si vesta d'incorruttibilità e questo corpo mortale si vesta d'immortalità. Quando poi questo corpo corruttibile si sarà vestito d'incorruttibilità e questo corpo mortale d'immortalità, si compirà la parola della Scrittura: La morte è stata inghiottita nella vittoria.*»), sembra che Paolo sia convinto del fatto che l'ingresso nella condizione risorta senza sperimentare la morte fisica sarà possibile solo ai cristiani ancora vivi nel momento del ritorno glorioso di Cristo. In quel frangente, essi non si troveranno ad essere «nudi», perché avranno ancora il loro corpo fisico. Per loro, dunque, il passaggio dalla vita terrena a quella risorta sarà come «essere rivestiti» del corpo glorioso.

La metafora del vestito utilizzata da Paolo in 2Cor 5, 2 si complica ulteriormente nel v. 4, in cui Paolo ripete il verbo *ependysasthai* e tenta di precisarne il significato. Dichiara così di preferire di non «essere svestito» *(ekdysasthai),* ma di «essere rivestito» come di una sopravveste *(ependysasthai).*

In effetti, a differenza di *en- dyein,* che - salvo precisazioni ulteriori (cf Me 6,9) - significa «indossare» un abito, il verbo *ependyesthai* (usato soprattutto in forma media) ha il significato particolare di «indossare un vestito sopra l'altro», cioè di «essere rivestito» da due abiti. Perciò, l'Apostolo, ricorrendo al verbo *ependyesthai,* cerca di precisare come egli vorrebbe che avvenisse la trasformazione gloriosa della propria persona. Egli immagina di poter mantenere il vestito attuale, cioè di non passare attraverso la morte fisica, ma di essere ricoperto da un secondo abito, ossia dalla condizione celeste.

Paolo rievoca così la prospettiva di 1Cor 15, 53-54, in cui, utilizzando con insistenza il verbo *endyesthai* («essere rivestito»), ha illustrato in modo più perspicuo l'entità di questa trasformazione, immaginata come il passaggio da un'esistenza mortale e corruttibile ad un'altra immortale e incorruttibile.

D'altronde, il concetto di 2Cor 5, 4 ribadisce l'asserto di 1Cor 15, 54: quando si verificherà la risurrezione universale alla fine dei tempi, la morte sarà «ingoiata per la vittoria» (cf Is 25, 8, dei Settanta).

Questo anelito di Paolo di entrare nella condizione risorta è saldamente ancorato alla fede di essere stato creato da Dio in vista della risurrezione e della comunione piena e definitiva con lui (2Cor 5, 5). Alla scuola dell'AT Paolo ha appreso che «Dio creò l'uomo per l'incorruttibilità e lo fece a immagine della propria natura» (Sap 2, 23). Ma grazie alla rivelazione di Cristo, è giunto alla consapevolezza di fede che Dio Padre ha donato ai cristiani lo Spirito Santo.

Lo Spirito è come una caparra rispetto ad un'eredità salvifica (2Cor 5, 5; cf 1,22), a cui i fedeli hanno già diritto, ma di cui non sono ancora entrati in possesso (cf Ef 1, 14). Se Dio Padre ha donato ai cristiani lo Spirito Santo, esaudirà anche il loro profondo desiderio di vita eterna con Cristo risorto. D'altro canto, la permanente azione salvifica che lo Spirito compie nei cristiani è già una garanzia, nel senso che assicura loro che la speranza nella risurrezione non è un'illusione.

È proprio da questa garanzia che nasce in Paolo il coraggio (2Cor 5, 6.8), anche se egli sa che, fin quando non lascia il domicilio del corpo, è come se vivesse in esilio rispetto alla sua vera abitazione, che è presso il Signore (v. 8). Da questo punto di vista, la vita terrena gli sembra come un esilio penoso, perché la patria si trova in cielo.

Per rendere l'idea della vita cristiana come di un rimpatrio verso il Signore, Paolo fa un gioco di parole con due verbi con la stessa radice, ma che hanno un significato antitetico (contrapposto) dovuto al prefisso: *endémoùntes* («avendo il nostro domicilio in») e *ekdémoùmen* («siamo esiliati da»). Essendo entrambi al tempo presente, questi verbi indicano la situazione di attuale transito del cristiano, *homo viator* verso Cristo risorto.

Con una frase parentetica (v. 7), l'Apostolo precisa che questa sorta di esilio del cristiano è un cammino di fede: per ora, il cristiano può soltanto credere in Cristo, senza poterlo vedere (cf 3, 18; e anche Eb 11, 27). Ciò nonostante, questo viaggio ha una meta precisa: «avere il proprio domicilio presso il Signore» (2Cor 5, 8) e poterlo finalmente vedere «faccia a faccia» (1Cor 13, 12). Perciò, Paolo giunge alla conclusione che sarebbe meglio per lui essere esiliato dal corpo terreno, così da poter condividere la stessa gloria del Signore (2Cor 5, 8).

Al termine di questa presentazione molto suggestiva dei motivi che alimentano la speranza cristiana (2Cor 4, 16-5, 10), Paolo enuclea anche un criterio di discernimento per verificare l'autenticità evangelica della propria tensione verso la risurrezione: in ultima istanza, non conta continuare ad «avere il proprio domicilio (nel corpo)» o essere «esiliati lontano (da esso)». L'importante è «essere graditi» al Signore (v. 9). E questo il desiderio fondamentale di Paolo. Per piacere al Signore, egli è disposto persino a morigerare la sua attesa della fine dell'«esilio» terreno.

Questo criterio di discernimento ha una validità generale: ogni atto buono o malvagio compiuto durante l'esistenza terrena ha una sua rilevanza «davanti al tribunale di Cristo» (v. 10). Paolo lo esprime in maniera lineare alla fine di una riflessione che, dal punto di vista sia stilistico che contenutistico, appare invece piuttosto affannata. Si ha l'impressione che Paolo, di fronte al declino inevitabile del suo «uomo esteriore» (cf 4, 16), stia chiarendo anzitutto a sé stesso ciò che desidera maggiormente. Ma in lui la lotta interiore per superare la tentazione dello sconforto (cf 4, 16) e per continuare a sopportare le tribolazioni (cf v. 17) approda al coraggio (cf 5, 6.8) di chi sa per fede di aver ricevuto in dono lo Spirito Santo, che è la «caparra» (v. 5) della vita eterna con Dio.

Questa riflessione di S. Paolo, fondata sul dono della fede, dello Spirito di forza, di luce, di conforto e di sostegno, ci deve aiutare a verificare in noi quanto desiderio di "cielo" c'è. Siamo certamente convinti che esista il paradiso, che siamo in cammino per la vita eterna e che desideriamo Dio e vivere nell'eternità con Lui. Ma quanta di questa convinzione di fatto è fondamento del nostro agire? Paolo ha affermato con molta sicurezza e forza: "*L'importante è «essere graditi» al Signore* (v. 9)".

Che significa effettivamente per ciascuno questa affermazione? Tutto per il Signore e per essere gradito a Lui! Bella espressione, ma in pratica in cosa si traduce? La mia vita è pienamente conquistata da Cristo?

A quest'ultima domanda non rispondiamo istintivamente, ma lasciamo che entri nel profondo della nostra coscienza perché faccia emergere le motivazioni che sottendono al nostro agire. Rinverdiamo il sentimento che abita nel nostro cuore per Dio: sentiamo l'amore per Lui e verifichiamo dove ci conduce e dove invece andiamo noi. Se coincidono apriamo il cuore alla lode; se divergono verifichiamo bene in cosa e chiediamo luce allo Spirito per comprendere cosa è bene fare, per crescere nell'amore. Ricordiamo sempre che essere innamorati di Cristo significa vivere questo amore nei desideri del cuore e nella concretezza dei nostri atti. Siamo noi che rispondiamo al suo amore e quindi non dobbiamo pretendere da noi e dagli altri di rientrare in "cliché" stabiliti. La risposta d'amore è sempre personale.

Prediamo l'esempio dei Santi: non ne troviamo uno che abbiamo percorso la medesima strada, pur condividendo a volte le stesse scelte. Nessun Santo ha mai preteso da chi lo seguiva di fare come lui. L'imitazione di sé che Paolo richiede è della sua passione d'amore per Cristo, l'essere stato da lui conquistato e di lui rivestito, ma non di fare ciò che faceva lui.

Una Santa che ci può aiutare a comprendere quanto è importante dare spazio all'amore di Dio in noi è Santa Teresa d'Avila. Lei ha vissuto il medesimo desiderio di Paolo di essere liberata dalla vita terrena per essere pienamente nella vita eterna. Teresa è arrivata alla medesima conclusione di Paolo, che sarebbe meglio per essere esiliato dal corpo terreno, così da poter condividere la stessa gloria del Signore.

Per comprendere quanto l'Amore di Dio fosse esclusivo nei riguardi di Teresa d'Avila, leggiamo la seguente testimonianza autobiografica: "Pensando poi alla miseria di questa vita che ci impedisce di stare sempre in quell'ammirabile compagnia, andavo dicendo tra me: Signore, datemi qualche mezzo per poterla sopportare! Ed Egli: "Pensa, figliola, che dopo morte non mi potrai più servire come ora. Mangia per me, dormi per me, quello che fai fallo per me, come se non vivessi più per te, ma solo per me".

L'amore esclusivo per Cristo, ha condotto Teresa alle alte vette della contemplazione, che nella sua opera "*Castello Interiore*" ben esprime come cammino che tutti possiamo compiere, ma che in modo semplice esprime nella sua vena poetica.

La poesia che meglio di altre rappresenta lo specchio interiore della Santa è quella che tutti ricordiamo per il famoso "Moro perché non moro". Riporto il testo completo lasciando a voi gli spunti di riflessione che lo Spirito susciterà nei vostri cuori.

Vivo, ma in me non vivo
E tanto è ben che dopo morte imploro
Che mi sento morir, perché non moro

Più in me non vivo e giubilo,
vivo nel mio Signore,
Per sé mi volle, e brucio
Per lui d'intenso ardore.
Gli diedi il cuore, e in margine
Scrissi con segni d'oro:
'Mòro perché non mòro'

L'alto d'amor incendio,
di cui prigion son io,
die libertà al mio spirito
e mio prigion fè Iddio.
Ma nel pensarmi despota
Di quei che bramo e adoro,
'Mòro perché non mòro'.

Quando è mai lunga all'esule
quest'affannosa vita!
Quanto mai duri vincoli
che m'hanno ormai sfinita!
Mentre n'attendo l'esodo,
immenso è il mio martiro:

'Moro perché non mòro'.

Oh, com'è triste vivere
lungi da te, mio Dio!
Se amor è dilettevole,
lungo sperar è rio.
Troppo pesante è il carico,
troppo, Signor, m'accoro:
'Mòro, perché non mòro'.

La speme sol m'allevia
d'avere un di a morire
che morir eterea
vita verrò a fruire.
Morte che a vita susciti,
non ritardar! T'imploro!
'Mòro perché non mòro'

Non mi tradir! Fortissimo –
Vita, ricorsi – è amore.
Puoi guadagnar col perderti.
Cedi! Per te è migliore.
Morte, orsù dunque affrettati!
Scocca il tuo dardo d'oro!
'Mòro perché non mòrò'.

Quella che in ciel tripudia,
quella è la vita vera:
ma poiché invan raggiungerla
senza morir si spera,
morte, crudel non essere,
dammi, il tesor che imploro!
'Mòro perché non mòro'.

Per quei che m'è nell'anima
Che posso fare o vita.
Se non te stessa perdere
E andare in Lui smarrita?
Vò tal lucrosa perdita,
vò il sommo ben che adoro:
'Mòro, perché non mòro'.[23].

[23] Teresa di Gesù, *Opere*, Postulazione Generale O. C. D., Roma 1985, 1499-1501.

Decima Meditazione

Rm 12, 1-2

[1]Vi esorto dunque, fratelli, per la misericordia di Dio, a offrire i vostri corpi come sacrificio vivente, santo e gradito a Dio; è questo il vostro culto spirituale. [2]Non conformatevi a questo mondo, ma lasciatevi trasformare rinnovando il vostro modo di pensare, per poter discernere la volontà di Dio, ciò che è buono, a lui gradito e perfetto.

Rm 1, 8-15

[8]Anzitutto rendo grazie al mio Dio per mezzo di Gesù Cristo riguardo a tutti voi, perché della vostra fede si parla nel mondo intero. [9]Mi è testimone Dio, al quale rendo culto nel mio spirito annunciando il vangelo del Figlio suo, come io continuamente faccia memoria di voi, [10]chiedendo sempre nelle mie preghiere che, in qualche modo, un giorno, per volontà di Dio, io abbia l'opportunità di venire da voi. [11]Desidero infatti ardentemente vedervi per comunicarvi qualche dono spirituale, perché ne siate fortificati, [12]o meglio, per essere in mezzo a voi confortato mediante la fede che abbiamo in comune, voi e io. [13]Non voglio che ignoriate, fratelli, che più volte mi sono proposto di venire fino a voi - ma finora ne sono stato impedito - per raccogliere qualche frutto anche tra voi, come tra le altre nazioni. [14]Sono in debito verso i Greci come verso i barbari, verso i sapienti come verso gli ignoranti: [15]sono quindi pronto, per quanto sta in me, ad annunciare il Vangelo anche a voi che siete a Roma.

Il capitolo 12 inizia una sezione nuova e conclusiva della Lettera ai Romani, segnata dal verbo «vi esorto», che ricorre per la prima volta nella lettera qui e che ritorna in 15,30 e 16,17. Paolo si riferisce ai lettori in prima persona con tutto il peso della sua autorità.

È una parte nuova, strettamente legata alla precedente – evidenziata dal «dunque» – e riassunta nell'inciso «per la misericordia di Dio». La misericordia è l'amore gratuito e fedele di Dio.

L'esortazione è espressione della preoccupazione paterna di Paolo, il quale non fa appello alla sua autorità, ma al suo affetto e partecipazione, e non ha lo scopo di istruire, quanto piuttosto di incoraggiare, richiamare, invitare. Nell'esortazione risuona per ciascuno la voce misericordiosa di Dio. Paolo è convinto che la misericordia di Dio si fa presente nella sua esortazione. Inoltre, essa è sempre un invito, rivolto al cristiano, all'abbandono e alla rinuncia di sé.

I vocaboli usati da Paolo in questi due versetti sono chiaramente cultuali: sacrificio, santo, gradito, culto. Paolo vede nel sacrificio il nucleo portante del rapporto con Dio, ma in modo rinnovato. Il culto non è più uno strumento per placare l'ira di Dio e attirare la sua amicizia, come nel paganesimo, ma è risposta a una misericordia già donata.

Il sacrificio ha la connotazione particolare espressa da una triplice apposizione: *vivente, santo, gradito a Dio.*

Il primo termine ci fa comprendere il cambiamento di prospettiva che Paolo vuole immediatamente indicare: non si tratta di offrire a Dio qualcosa di esterno all'uomo, come le cose, ma la sua stessa vita.

L'espressione «*offrire i vostri corpi*» indica tutta la persona concreta con le sue relazioni e non semplicemente una parte dell'uomo, sia pure la più nobile.

Ma ciò che può attirare in modo specifico la nostra attenzione è la conclusione di questo versetto, là dove Paolo chiama questo culto *logikén latréian*, cioè «*culto razionale*».

Questa definizione è assai enigmatica e, benché tutte le traduzioni ruotino intorno al concetto di consapevolezza e ragionevolezza, il dibattito tra gli autori non ha ancora trovato un punto di sintesi. Innanzitutto va ricordato che tale aggettivo in tutta la Bibbia greca si trova solo qui e in 1Pt 2,2: «Come bambini appena nati bramate il puro latte logikón».

La Bibbia CEI sceglie, sia in Romani e sia nella prima lettera di Pietro, l'aggettivo «*spirituale*». Altre traduzioni rendono con «*razionale*», «*logico*», il che si avvicinerebbe sia al pensiero etico dello stoicismo sia a quello del giudaismo ellenista.

Paolo, con il termine *loghikên*, esorta ad un culto concreto e visibile, non puramente interiore.

Il culto razionale è il vero culto, autentico, logico, degno di Dio e dell'uomo, che rispetta sia la natura di Dio che dell'uomo, che offre con la totale decisione di libertà e responsabilità. Il v. 2 specifica cosa Paolo intenda per culto razionale: è la non conformazione al mondo, ma la trasformazione della mente, da cui discendono tutti gli atteggiamenti da assumere e che in seguito Paolo elenca.

Paolo intende un culto che sia offrire non qualcosa che l'uomo possiede, ma sé stesso; non un animale morto, ma sé stesso vivo, in atto di obbedienza concreta e quindi fisicamente.

Paolo chiama culto razionale il culto ove è raggiunta la potenza della misericordia di Dio, che porta nell'esistenza dell'uomo un profondo cambiamento, in un continuo discernimento[24] critico tra la realtà di Dio e la volontà dell'uomo; un culto che coinvolge l'uomo intero.

Paolo dunque, in contrasto con una mistica auto-centrata, esprimerebbe qui l'idea che l'offerta di sé da parte dei cristiani debba avvenire in piena e illuminata coscienza sia del dono di misericordia ricevuto da Dio, sia dell'offerta piena di una vita conforme al volere di Dio. Si tratta di una ragionevolezza illuminata dalla fede, e di una fondata conoscenza di sé che richiede anche l'esercizio della mente. L'espressione *logikén latréian* può essere resa comprensibile con la traduzione «*in piena coscienza*», proprio per sottolineare la piena presenza del cristiano al suo agire, nella consapevolezza della dimensione spirituale che la vita concreta comporta in riferimento a Dio e al mondo. Ci sembra che questa traduzione permette di evidenziare anche un tratto di bruciante attualità nella proposta paolina, in riferimento alla deriva soggettiva ed «emozionale» che presentano tanti elementi delle religiosità contemporanea legata alla così detta *New-Age*, o la sua evoluzione nel *Next-Age*, come viene considerata in Europa[25].

Il v. 2 riprende, ampliandole, le prospettive già delineate nel v. 1. Innanzitutto va sottolineato anche qui l'uso di vocaboli che fanno riferimento

---

[24] Per una comprensione di cosa si intende con Discernimento ed in particolare con Discernimento Spirituale, si veda: P. Ciccotti, *Il discernimento spirituale. Un ritorno inaspettato?*, Cittadella, Assisi 2009; M. Costa, *Direzione Spirituale e Discernimento*, AdP, Roma 2009[4]; M. I. Rupnik, *Il discernimento*, Lipa, Roma 2004; *Il discernimento*, in Credere Oggi, 22 (2002), n 127; G Sovernigo., *Le dinamiche personali nel discernimento spirituale. Elementi di psicologia della pastorale*, Edizioni Messaggero, Padova 2010.

[25] Per approfondire il tema si rimanda agli studi presentati dal CESNUR. In particolare si veda: http://www.cesnur.com/dal-new-age-al-next-age/il-next-age/

alla dimensione della ragione e della mente, fino a giungere al *«discernimento»* del bene come pienezza del processo di trasformazione del cristiano.

In primo luogo, si delinea un anticonformismo cristiano (A. Pitta) rispetto alla mentalità corrente: il credente non si conforma alla «logica» di «questo tempo», ma si apre a una dimensione ulteriore, dettata da un senso «ultimo» della vita e del rapporto con Dio.

Questo termine ha un vasto significato: mettere alla prova qualcosa o qualcuno per verificare la sua genuinità; esaminare una situazione o un comportamento per distinguere il vero dal falso, il bene dal male.

Discernere *(dokimazein)* è un giudizio intellettuale e morale, certamente complesso. Qui per Paolo l'imperativo che riassume l'intera vita morale è trasformare la propria vita in un culto a Dio. Nella descrizione di questa liturgia dell'esistenza menziona, appunto, il discernimento. E questo richiede la conversione: per discernere è infatti necessario andare oltre lo «schema» di questo mondo: *uscire fuori dagli «schemi» correnti* (l'imperativo negativo *mè suschematízesthe* esprime proprio questa esigenza di non conformità). Lo schema è la logica comune. Tale abbandono della mentalità mondana viene descritto come un processo graduale di trasformazione di sé, che passa attraverso il rinnovamento della mente e approda al discernimento. C'è dunque una trasformazione della vita che rende possibile l'offerta di sé da parte dei cristiani.

In poche parole, Paolo non suggerisce qui di disseminare nella propria esistenza quotidiana pratiche rituali, per trasformarle appunto in culto razionale, ma di rinnovare la mente e di non uniformarsi al mondo. Culto a Dio è l'esistenza convertita, frutto di un profondo e abituale discernimento[26].

Nella Prima lettera ai Tessalonicesi, Paolo ci aiuta a comprendere meglio come vivere il discernimento.

Prima di soffermarci su questo, diamo una lettura al contesto del brano per cogliere il contenuto corretto. 1Ts 5, 12-13 testimonia che la comunità cristiana risulta gerarchicamente strutturata. La prima esortazione, infatti, riguarda

---

[26] Cfr B. Maggioni, *Lettera ai Romani*, in B. MAGGIORI – F. MANZI (a cura di), *Lettere di Paolo*, op. cit., 134.

proprio i responsabili della Chiesa: i cristiani sono invitati a stimarli ed ad amarli, per il servizio che compiono nel Signore.

Paolo intesse il suo discorso facendo riferimento e leva sulla carità cristiana. Continuando l'esortazione ad una vita all'insegna della carità cristiana, Paolo raccomanda i cristiani l'arduo comandamento di non ricambiare il male ricevuto (cfr. Rm 12, 17-21: «*Non rendete a nessuno male per male. Cercate di compiere il bene davanti a tutti gli uomini. Se possibile, per quanto questo dipende da voi, vivete in pace con tutti. Non fatevi giustizia da voi stessi, carissimi, ma lasciate fare all'ira divina. Sta scritto infatti: A me la vendetta, sono io che ricambierò, dice il Signore. Al contrario, se il tuo nemico ha fame, dagli da mangiare; se ha sete, dagli da bere: facendo questo, infatti, ammasserai carboni ardenti sopra il suo capo. Non lasciarti vincere dal male, ma vinci con il bene il male.*»), ma di agire sempre in vista del bene (v. 15). La carità evangelica oltrepassa così i confini della comunità cristiana, per raggiungere tutti (1Ts 3, 12: «*Il Signore poi vi faccia crescere e abbondare nell'amore vicendevole e verso tutti*»)

«State sempre lieti»: la gioia nasce proprio dal vivere questo difficilissimo insegnamento di Cristo, dal vivere coerentemente. Nello Spirito Santo la comunità cristiana trova la sua forza nel vivere in questo modo. Lo Spirito, che Dio Padre riversa nel cuore dei credenti, permette di mantenersi nell'atteggiamento filiale di preghiera e rendimento di grazie a Dio costante e sincero. Ma per fare la volontà di Dio, occorre attuare previamente un attento discernimento spirituale, teso nella ricerca di «ciò che è buono e a lui gradito e perfetto» (Rm 12, 2) per distinguere ciò che invece è male (1Ts 5, 21-22). Per questo è richiesta una carità intelligente (Fil 1, 9-10: «*E perciò prego che la vostra carità si arricchisca sempre più in conoscenza e in ogni genere di discernimento, perché possiate distinguere sempre il meglio ed essere integri e irreprensibili per il giorno di Cristo*») e una capacità di discernimento proveniente dallo stesso Spirito di Dio (1Cor 12, 10).

Da questa profonda convinzione e consapevolezza, Paolo esorta i cristiani a non spegnere lo Spirito Santo e, in particolare, a non svilire le profezie, che l'Apostolo concepisce come edificazione della Chiesa, perché fatta in nome di Dio, manifestandone la volontà salvifica in un determinato contesto storico.

La fedeltà alla volontà di Dio, nella ricerca continua e prudente sotto l'azione dello Spirito, apre il cuore alla grazia di Dio Padre che ci santifica e conserva nella fedeltà e coerenza la nostra adesione a Lui nel Cristo Signore, servo obbediente al Padre.

Il discernimento spirituale è dono dello Spirito, frutto della virtù della prudenza; dono da invocare e da attuare con tanta sollecitudine e premura, specialmente nel contesto culturale odierno segnato dalla pluralità e dal relativismo.

Oggi più che mai i cristiani sono chiamati a comprendere i risvolti della quotidianità, le insidie che si nascondono nella normalità della vita, generate proprio dalla pluralità culturale e globalizzazione.

Oggi l'invito di Paolo a non conformarci a questo mondo è da considerare urgente e impegnativo: ***urgente***, perché è necessario che chi vive nella luce della verità non perda questo riferimento e sia a sua volta portatore di luce; ***impegnativo***, perché la vita quotidiana si svolge non più nella semplicità, ma nella complessità di situazioni e di conseguenze, causate dal grande sviluppo tecnico-scientifico – si pensi a tutti i risvolti della produzione e dello sfruttamento della popolazione minorile, ai risvolti etici che ci sono dietro alle produzioni industriali; alle problematiche etiche che ci sono nell'ambito delle scienze mediche, ecc..

Il corretto discernimento non solo oggi è richiesto per quelle situazioni di vita particolari appena indicati, ma anche per le relazioni quotidiane nelle quali viviamo. Oggi il divario generazionale è molto più breve che in passato: si è passato dal salto generazionale di 10-15 anni a quello di 5 anni. Questo comporta un continuo sforzo di comprensione e attenzione nella relazione e formazione. Rischiamo di essere fuori dalla società, dal mondo nel modo sbagliato, non per scelta di fedeltà a Dio per essere nel mondo coloro che donano la sapienza di Dio, ma per incapacità di comunicazione e comprensione per non essere in grado di fare il corretto discernimento.

In conclusione penso occorra porre la nostra attenzione su alcuni particolari spunti di riflessione.

❖ ***Offrite i vostri corpi come sacrificio vivente***: la nostra verifica di coscienza va innanzitutto posta in questa direzione. La nostra vita è un continuo culto a Dio? Tutto della nostra vita esprime questa tensione verso Dio e la continua ricerca di realizzazione della piena comunione con Lui? Offerta della vita, della personalità, della volontà, della responsabilità si rende visibile con l'atteggiamento fondamentale della gioia, della serenità, della positività esistenziale.

❖ ***Rinnovate la vostra mente***: non stancarsi mai di ricercare e comprendere la volontà di Dio, non dare mai per scontato che si sta compiendo la sua volontà. La nostra scelta fondamentale per Dio si gioca nelle scelte particolari: negli atteggiamenti, decisioni e comportamenti di tutti i giorni. Per cui la valutazione e la decisione deve partire da un continuo rinnovamento interiore e di approfondimento della realtà che ci circonda e nella quale viviamo.

❖ ***Esaminate ogni cosa***: significa togliere il pregiudizio come chiave di lettura iniziale. A volte siamo chiusi alle novità per principio o meglio per pregiudizio. Non sempre il nuovo è bene, ma non sempre è male. Soprattutto per l'oggi che le cose non sono mai solo come a prima vista appaiono, occorre fare un serio esame per conoscere tutti gli aspetti e risvolti della situazione concreta che ci si pone dinanzi. Questo ci permette di vivere in pienezza la nostra fedeltà al vangelo e di non perdere le possibili occasioni di bene per colpa di pregiudizi che ottenebrano il nostro cuore.

❖ ***Tenete ciò che è buono***: il bene dunque può esserci ovunque. Occorre ricercarlo, valutarlo, riconoscerlo. Solo il bene va conservato, il resto va eliminato. Il bene presente nelle situazioni della nostra vita è come l'oro quando viene estratto dalla miniera, è contaminato da tante impurità, bisogna farlo passare per il crogiuolo per purificarlo. Il crogiuolo della vita è la preghiera, l'insegnamento del magistero, il consiglio dei saggi – es. il direttore spirituale, la voce di un esperto –, lo studio. Solo dopo una ricerca attenta che accolga tutti questi insegnamenti porterà ad una decisione di coscienza corretta.

❖ ***Astenetevi da ogni specie di male***: occorre innanzitutto chiamare il bene e il male con il proprio nome. La frase che spesso oggi si usa è: «che male c'è?». Il male si nasconde e si presenta con le sembianze di bene. Per questo un serio discernimento ci permette di riconoscere il male ed astenerci dal compierlo. Vorrei, però, soffermarmi sul bene. Cosa è bene? Pensiamo oggi che il bene è solo quello che è bene per me: il più delle volte questo invece è male (eutanasia, aborto, divorzio). Il bene non è mai solo quello che è bene solo per me, ma è bene quello che è bene per me e per gli altri. A volte il vero bene, per la piena visione cristiana, è ciò che è bene solo per gli altri e per me è causa di perdita o addirittura di morte: il martirio come caso estremo. Astenersi dal male può sembrare scontato, mentre richiede un serio impegno e un'autentica apertura nella carità.

Il discernimento e l'offerta di sé al Signore come sacrificio a lui gradito, si realizza di fatto in ciò che Paolo indica nel secondo brano della meditazione di oggi: Rm 1, 8-15.

La prima cosa importante è crescere nella capacità di gratitudine. Il discernimento su ciò che è bene davanti a Dio e nella sua volontà conduce a vivere tutto nella gioia e nella capacità di saper rendere grazie a Dio. È l'atteggiamento della Pasqua: l'eucarestia, il rendimento di grazie per vivere nella grazia di Dio.

Il primo sentimento di Paolo è la gratitudine verso il suo Dio. Da Dio discende la gratuità, verso Dio non può che risalire la gratitudine.

«Prima di tutto», dice Paolo. Ci aspetteremmo «in secondo luogo» o un «e poi». Invece no. **La gratitudine è prima di tutto, ed esaurisce tutto**. La gratitudine è la cifra globale della risposta dell'uomo al vangelo.

Paolo scrive «il *mio*» Dio: è il Dio di tutti, certo, anche dei destinatari a cui Paolo scrive. Ma questo non impedisce che sia il «suo Dio». Dio è un rapporto personale, non soltanto comunitario.

Motivo del ringraziamento è la «**vostra fede**». Non altre cose. Una fede rivelata nella sua verità, nella sua visibilità e nella sua forza contagiosa dal fatto che è nota e annunciata nel mondo intero. Dunque una fede universale, che fa parlare anche chi non è credente e la rifiuta. È una fede che si vede. Una fede annunciata anche in un mondo che le è contrario: il verbo usato è un verbo che include una sfumatura di opposizione. Se è arrivata in tutto il mondo non è perché conforme al mondo.

Katanghello ha il significato di rendere pubblicamente noto qualcosa. Ma è anche un verbo che - come già detto - non manca di una sfumatura di opposizione (*kata*, conto). Viene reso noto qualcosa che suscita opposizione, non sempre e solo consenso: come appunto è nella natura del vangelo. Il verbo dice un annuncio pubblico di qualcosa che è contro.

Col suo ringraziamento - introdotto dopo i saluti - Paolo continua a ispirarsi al modello greco delle lettere. Ma non ringrazia per la buona salute del destinatario o per cose simili, ma per la fede, di cui mostra subito la forza di espansione. Per Paolo la notizia è importante. La fede non sta nascosta.

Com'è la nostra fede? Si chiude in sé o contagia il mondo? È qualcosa che viviamo intimamente con il nostro Amato? Oppure grida attraverso ogni mezzo quanto è importante lasciarsi amare da Dio?

Paolo non ringrazia i romani per la loro fede, bensì Dio del quale essa è dono.

«**Quel Dio al quale rendo culto**» (v. 9): il verbo è *latreuein,* che nel greco indica il culto reso alla divinità e nella Bibbia una celebrazione cultuale da parte del popolo. **Per Paolo il culto è la predicazione del vangelo**: un culto visibile, pubblico, fuori dal tempio, che investe l'intera persona. Per Paolo «**il culto a Dio, che si attua nel suo spirito, cioè nella sfera più profonda della sua spiritualità, forma una cosa sola con l'evangelizzazione**».

«La propria esistenza - annota anche A. Pitta - e, in particolare il servizio per il vangelo e la solidarietà economica verso i poveri, non rappresentano una conseguenza del proprio culto, ma essi stessi sono liturgia».

Un altro sentimento importante che impariamo da Paolo a dover vivere e sentire presente nel cuore è di "*sentirsi in debito*".

Paolo riconosce di essere in debito verso tutte le popolazioni incontrate nella sua missione: greci e barbari, dotti e ignoranti. La predicazione a questi popoli è stata per Paolo di grande giovamento.

«**Sono in debito**» esprime infatti un senso di riconoscenza (v. 15) verso il mondo non giudaico. Uscendo dal mondo giudaico, Paolo ha imparato dall'umanità che ha incontrato, dai greci e dai barbari, ritenuti questi ultimi non solo stranieri e pagani, ma anche appartenenti a culture inferiori.

Pensiero, questo, importante per ogni tempo. L'incontro con la diversità non impedisce la fedeltà al vangelo, ma permette di coglierne maggiormente l'essenzialità, la sua duttilità nel dirsi con accenti nuovi, la sua esigenza di essere costantemente ripensato.

Ma quante comunità di fede sono chiuse in un piccolo cerchio in cui stare bene. Quante comunità di fede chiuse e che si autogiustificano lamentandosi che oggi la popolazione di questa cultura non riesce ad amare Dio.

Se non impariamo ad amare l'umanità, non riusciremo ad amare veramente Dio, e meno che mai impareremo ad amare come Dio ama. Non dimentichiamoci che Dio questa umanità, che a volte noi disprezziamo, Lui l'ha assunta: si è incarnato ed è risorto portando questa umanità.

Ma Paolo si sente in debito soprattutto verso Cristo. Da lui ha ricevuto gratuitamente la lieta notizia: **un dono che non si può tenere per sé stessi o per il proprio popolo. La missione, proprio nella sua dimensione universale, nasce dalla gratitudine verso Cristo. Se osservi gli uomini con lo sguardo di Cristo, le differenze scompaiono. E il compito dell'evangelizzatore è di rendere visibile questo sguardo di Dio che va oltre le differenze. Il resto, tutto il resto (compresa la conversione) viene dopo.**

Con quali occhi guardiamo il mondo? Con quale sguardo incontriamo le persone?

Undicesima Meditazione

Gv 4, 1-12

[1]Gesù venne a sapere che i farisei avevano sentito dire: "Gesù fa più discepoli e battezza più di Giovanni" - [2]sebbene non fosse Gesù in persona a battezzare, ma i suoi discepoli -, [3]lasciò allora la Giudea e si diresse di nuovo verso la Galilea. [4]Doveva perciò attraversare la Samaria.
[5]Giunse così a una città della Samaria chiamata Sicar, vicina al terreno che Giacobbe aveva dato a Giuseppe suo figlio: [6]qui c'era un pozzo di Giacobbe. Gesù dunque, affaticato per il viaggio, sedeva presso il pozzo. Era circa mezzogiorno. [7]Giunge una donna samaritana ad attingere acqua. Le dice Gesù: "Dammi da bere". [8]I suoi discepoli erano andati in città a fare provvista di cibi. [9]Allora la donna samaritana gli dice: "Come mai tu, che sei giudeo, chiedi da bere a me, che sono una donna samaritana?". I Giudei infatti non hanno rapporti con i Samaritani. [10]Gesù le risponde: "Se tu conoscessi il dono di Dio e chi è colui che ti dice: "Dammi da bere!", tu avresti chiesto a lui ed egli ti avrebbe dato acqua viva". [11]Gli dice la donna: "Signore, non hai un secchio e il pozzo è profondo; da dove prendi dunque quest'acqua viva? [12]Sei tu forse più grande del nostro padre Giacobbe, che ci diede il pozzo e ne bevve lui con i suoi figli e il suo bestiame?".

In questa meditazione ci soffermiamo su un brano che sicuramente molte volte è stato oggetto della nostra meditazione. Ne conosciamo sicuramente ogni dettaglio, per questo richiamerò solo alcuni passaggi necessari per il lavoro personale in questo corso di esercizi[27].

Innanzitutto vorrei soffermarmi sul verbo del v. 4: "**doveva**". Anche se non tutti i commentatori accettano l'interpretazione di *edei* ("doveva") nel senso che Gesù rispondeva a un comando divino, l'*edei* ci richiama al bisogno di orientare

[27] Per una lettura approfondita del brano, oltre ai commentari, si rimanda a: D. Barsotti, *Gesù e la Samaritana. Esegesi spirituale sul capitolo IV del Vangelo di Giovanni*, Società Editrice Fiorentina, Firenze 2006; B. Maggioni, *La brocca dimenticata. I dialoghi di Gesù nel Vangelo di Giovanni*, V&P, Milano 2000; Idem, *Era veramente uomo. Rivisitando la figura di Gesù nei Vangeli*, Ancora, Milano 2001, 87; G. Marconi, *Le donne di Giovanni. Alterità e femminino nel quarto vangelo*, Aracne, Roma 2008

tutta la nostra vita nella volontà di Dio. Non siamo obbligati a fare la volontà di Dio, ma il doverla fare è una necessità vitale. Il continuo discernimento, per comprendere la volontà di Dio e verso dove ci guida il Signore, è necessario perché la nostra vita di fede si conservi nella gioia e nella fedeltà.

È quindi importante considerare che nulla della nostra vita deve essere vissuto senza confrontarci con ciò che Dio ci chiede nella situazione in cui viviamo. L'obbedienza non è una semplice esecuzione di ciò che ci è comandato, ma è accoglienza del progetto di amore di Dio che comporta di seguire una determinata strada, compiere determinati gesti, evitare determinate situazioni. Obbedire è prestare ascolto, quindi entrare in dialogo ponendo attenzione a ciò che ci viene detto per aderire in piena libertà di coscienza e con ferma volontà a questo progetto, nella particolare condizione in cui viviamo.

Gesù, figlio obbediente, ci insegna a metterci in cammino nella fedeltà alla volontà del Padre e nella comprensione di ciò che possiamo fare nella particolare situazione, circostanza di vita e nella nostra reale condizione umana.

Il dialogo con la Samaritana avviene in pieno giorno, esattamente a mezzogiorno, all'ora sesta. È l'ora in cui sarà condannato a morte e inizierà l'ultima fatica del suo viaggio (Gv 19, 14). Qui al pozzo, come a Cana di Galilea, è anticipata quell'ora in cui l'acqua diventa vino per le nozze (2, 4). E quell'ora è "adesso" (v. 23), in cui si adora il Padre in Spirito e verità. In quest'ora l'umanità fragile del suo peccato è rimessa nella piena condizione di figli che possono adorare Dio e amare in Dio.

Se Nicodemo venne di notte (Gv 3, 2), questa donna viene nel cuore del giorno. Viene ad attingere acqua e troverà la sorgente d'acqua viva, che la farà nascere dall'alto e venire alla luce. Si dice che viene dalla Samaria, non dalla città di *Sicar*: è infatti simbolo di tutto il popolo samaritano. Ella viene di giorno pieno, perché è una donna che vive nel peccato e non è nella comunità. La salvezza è per tutti, per tutti coloro che si lasciano interrogare dalla verità e fare verità in sé per aprirsi alla vita nuova.

Come Giacobbe al pozzo corteggia la futura sposa (Gen 29, 2-10), così il Signore attira a sé e seduce la sposa che ancora non lo conosce (cf Os 2, 16). Gesù si rivolge alla donna con una domanda e le chiede un favore: ha sete di essere accolto. La donna può soddisfare il suo bisogno. Una volta accolto, lui stesso disseterà per sempre la sete di chi è venuto al pozzo. Lui è assetato di dissetarla: la disseta con la propria sete di lei e si disseta con la sua sete di lui. Dalla sua fatica e dalla sua sete all'ora sesta scaturirà l'acqua che ristora tutti (Gv 19, 28.34).

Gesù ha sete di fare la volontà del Padre, ha sete di donare a noi la salvezza e di questa sete, nell'ora sesta del suo viaggio di obbedienza al Padre, disseterà chiunque si dispone ad ascoltare la sua voce, a vivere la sua Parola.

Se lo amiamo, noi troviamo la nostra vita e lui è dissetato. Gesù, a differenza dei profeti, non esordisce denunciando gli errori; semplicemente mostra la sua sete. Inizia il suo approccio non partendo dai sensi di colpa o dalla paura della morte, su cui si imbastisce tanta religiosità oscura, ma dal desiderio solare di amore e vita, che lui ha e pure noi abbiamo, al di là delle nostre insoddisfazioni e fallimenti.

La donna, alla domanda di Gesù, con stupore, gli fa osservare che lui è giudeo e lei samaritana. I giudei evitano i samaritani. Neanche si degnano di bere alla stessa brocca, per non contaminarsi. Inoltre gli fa notare che lei è donna. Come mai quest'uomo non esige, ma chiede un favore? Che intenzioni ha? Così pensa la donna, esperta di uomini. Gesù supera le convenzioni e si pone a un livello profondo, pienamente umano: esprime il suo bisogno. Gli steccati ideologici tra l'uomo e la donna saltano: si incontrano sulla sete, comune a tutti. Un dialogo, soprattutto religioso, è falsato in partenza e finisce male, se parte da altri presupposti.

Gesù parte dalla realtà della donna e dal bisogno che essa ha. Da questo entra in dialogo e l'aiuterà a fare verità in sé stessa.

Anche con noi parte dalla nostra realtà e dal nostro bisogno. Non ci chiede di annullarci, ma di aprirci alla vita vera. Non ci chiede sacrifici, ma di unirci al suo sacrificio di amore.

Proviamo anche a confrontarci con questo metodo di incontro di Gesù.

Quando incontriamo le persone, come ci rapportiamo con loro? Quale mozione interiore viviamo: un pre-giudizio o un giudizio già bene strutturato in noi? Oppure un'accoglienza della realtà dell'altro per aiutarlo ad aprirsi a Colui che sa dare risposta alla sua realtà?

v. 10: *se conoscessi il dono di Dio*. Gesù provoca un salto di qualità nel dialogo. In Giovanni è frequente il binomio conoscere/non conoscere. Questa donna, come tutti, non conosce il dono di Dio. C'è un inganno a proposito della nostra sete: **tutti vogliamo la felicità che viene dall'amore. Ma non è un salario da guadagnare, come fanno le persone religiose che attingono con fatica al pozzo della legge**. L'acqua vivente di cui abbiamo sete è dono di Dio, Dio stesso che si dona: è l'amore del Padre, che tanto ama il mondo da donare suo Figlio (3,16), perché in lui ognuno diventi figlio. **La nostra sete è appagata solo se conosciamo l'amore del Padre per noi: uno vive e ama nella misura in cui si sente accolto e amato. Questo è il dono al quale Gesù cerca di aprire il cuore della Samaritana, perché glielo chieda. Solo così può darglielo**.

Siamo felici? Comunichiamo gioia? Da dove attingiamo noi la felicità: dall'amore di Dio o dalle regole, dalle leggi e tradizioni della chiesa? Sappiamo accogliere e amare? Sappiamo sostenere e condurre le persone a incontrare l'amore di Dio? Quando ci incontrano cosa vedono prima di tutto in noi?

chi è colui che, ecc. Chi le chiede da bere è colui per mezzo del quale tutto esiste (1,1-4). Chiede ospitalità per dissetare la sua sete di darci la sua stessa vita. Né il pozzo dà l'acqua vivente, né Mosè dà il pane del cielo, ma il Padre, che dona il Figlio (6,32). Per aprirci a questo dono è necessaria da parte sua una fatica ben maggiore di quella che fece il padre Giacobbe per rotolare via la pietra che copriva la bocca del grande pozzo dove incontrò Rachele (Gen 29,10). Sarà la fatica pasquale della sua debolezza: rotolare via la pietra del sepolcro, che ci separa dalla vita (20,1).

Siamo figli della risurrezione tanto che nelle relazioni viviamo la speranza? Le relazioni, soprattutto comunitarie, sono segno della vittoria di Cristo e del dono della pace e della gioia?

v. 11: *Signore, non hai con che attingere*, ecc. **Ci chiediamo talora se Dio sia all'altezza di rispondere alle nostre esigenze**; talvolta pensiamo che altri lo sappiano fare meglio di lui. La donna conosce la fatica di attingere dal pozzo profondo. Si chiede da dove venga l'acqua che Gesù promette. Ignora ancora che ci sono acque diverse, come nascite diverse: una dal basso, dal pozzo, e una dall'alto, dal cielo.

Nella mia esperienza di fede riconosco che Dio risponde alle mie esigenze? Riesco a riconoscere il suo intervento nella mia vita e a rendere grazie? So riconoscere la sua presenza nelle varie situazioni? Cerco in ogni circostanza della vita ciò che mi permette di conservarmi nella mentalità di Dio, cioè di generare vita dall'alto?

Dodicesima Meditazione

2Tm 1, 6-14

[6]*Per questo motivo ti ricordo di ravvivare il dono di Dio, che è in te mediante l'imposizione delle mie mani.* [7]*Dio infatti non ci ha dato uno spirito di timidezza, ma di forza, di carità e di prudenza.* [8]*Non vergognarti dunque di dare testimonianza al Signore nostro, né di me, che sono in carcere per lui; ma, con la forza di Dio, soffri con me per il Vangelo.* [9]*Egli infatti ci ha salvati e ci ha chiamati con una vocazione santa, non già in base alle nostre opere, ma secondo il suo progetto e la sua grazia. Questa ci è stata data in Cristo Gesù fin dall'eternità,* [10]*ma è stata rivelata ora, con la manifestazione del salvatore nostro Cristo Gesù. Egli ha vinto la morte e ha fatto risplendere la vita e l'incorruttibilità per mezzo del Vangelo,* [11]*per il quale io sono stato costituito messaggero, apostolo e maestro.*

[12]*È questa la causa dei mali che soffro, ma non me ne vergogno: so infatti in chi ho posto la mia fede e sono convinto che egli è capace di custodire fino a quel giorno ciò che mi è stato affidato.* [13]*Prendi come modello i sani insegnamenti che hai udito da me con la fede e l'amore, che sono in Cristo Gesù.* [14]*Custodisci, mediante lo Spirito Santo che abita in noi, il bene prezioso che ti è stato affidato.*

A conclusione di questo cammino, l'invito che riceviamo da S. Paolo, in questo brano della 2Tm, è di ravvivare il dono ricevuto. Innanzitutto il dono della fede, ricevuta con il nostro battesimo e poi quello della particolare vocazione nel carisma apostolico che viviamo.

v. 6 "ravvivare". Timoteo è invitato da Paolo a ravvivare in sé, ma ancor più lasciar come esplodere e sprigionare in tutto il suo potenziale, il proprio carisma, cioè quell'investitura ministeriale che gli è stata donata con l'imposizione delle mani da parte dell'Apostolo, capace di accendere e infuocare, contagiare e coinvolgere, appunto secondo il senso crescente di *ana+zopyrein* (ravvivare). Questo proprio perché quell'investitura lo ha reso guida carismatica "***nella***" e "***per***" la *ekklesia* efesina.

In noi c'è questa carica esplosiva che contagia, infuoca, coinvolge, trascina, ma soprattutto "forma" ed "educa"? Cosa faccio perché il carisma sia da me e dalla comunità vissuto in pienezza e in ogni possibile aspetto, anche nelle modalità non previste dalle Costituzioni e dal Regolamento? Il carisma è vivo o è assuefatto a regole e costumi che difficilmente riescono a comprendere cosa è bene per oggi e in cosa cambiare per non perdere l'originalità del carisma?

v. 8 "*non ti vergognare di rendere testimonianza ...*" Bando alla vergogna! Bando al vergognarsi di agire e operare per il vangelo, bando a vergognarsi di Cristo e di chi, come Paolo, soffre per il vangelo.

La predicazione del vangelo comporta quasi per sé contrarietà e contrasti e non solo in contesti estranei alla chiesa, ma molto spesso anche nelle stesse comunità di fede. Quanti contrasti, quante divisioni, quanta sofferenza nelle comunità di fede. Quante "belle" motivazioni giustificano atteggiamenti che non hanno nulla a che vedere con il vangelo. Tutto questo può portare allo sconforto e allo smarrimento; allo scoraggiamento e alla chiusura.

Non solo "Bando alla vergogna", ma anche "Bando alla menzogna" e "Bando al pessimismo"!

A tal proposito vorrei ricordare le forti affermazioni di Papa Francesco nella omelia a Santa Marta del 5 giugno 2014.

«**Uniformisti, alternativisti e vantaggisti**» sono i tre neologismi che Papa Francesco ha coniato — «martirizzando un po' la lingua italiana» come lui stesso ha ammesso — per descrivere le tre categorie di cristiani che creano divisioni nella Chiesa.

Appartengono alla prima categoria quelli che vogliono che tutti siano uguali nella Chiesa». Gli «uniformisti», il cui stile è «uniformare tutto: tutti uguali», sono presenti sin «dall'inizio», cioè da «quando lo Spirito Santo ha voluto far entrare nella Chiesa i pagani», ha ricordato il Papa facendo riferimento a quanti pretendevano che i pagani prima di far parte della Chiesa diventassero ebrei. Questo dimostra che l'uniformità va di pari passo con la rigidità; e non a caso

Francesco ha definito questi cristiani «rigidi», perché «non hanno quella libertà che dà lo Spirito Santo. E fanno confusione fra quello che Gesù ha predicato nel Vangelo» e «la loro dottrina di uguaglianza», mentre «Gesù mai ha voluto che la sua Chiesa fosse rigida». Costoro, dunque, a causa del loro «atteggiamento non entrano nella Chiesa. Si dicono cristiani, si dicono cattolici, ma il loro atteggiamento rigido li allontana dalla Chiesa».

Vi assicuro che su *facebook* se ne trovano tanti di cristiani che stanno urlando contro Vescovi e contro il Papa per le loro espressioni a favore dell'ascolto, del dialogo, della misericordia. Un legalismo tradizionalista.

Quanto al secondo gruppo, gli «alternativisti», il Papa li ha catalogati tra quanti pensano: «Io entro nella Chiesa, ma con questa idea, con questa ideologia». Pongono delle condizioni «e così la loro appartenenza alla Chiesa è parziale». Anch'essi «hanno un piede fuori della Chiesa; affittano la Chiesa» ma non la sentono propria; e anch'essi sono presenti sin dal principio della predicazione evangelica, come testimoniano «gli gnostici, che l'apostolo Giovanni bastona tanto forte: "Siamo... sì, sì... siamo cattolici, ma con queste idee"». Cercano un'alternativa, perché non condividono il sentire comune della Chiesa. Molto frequente questo modo di pensare. Si aderisce ad un carisma, ma lo si vuole vivere a modo proprio, senza cercare nel vero confronto cosa sia nella fedeltà al vangelo e al carisma.

Infine il terzo gruppo è quello di coloro che «cercano i vantaggi». Essi «vanno alla Chiesa, ma per vantaggio personale e finiscono facendo affari nella Chiesa». Sono gli affaristi, presenti anch'essi sin dalle origini: come Simone il mago, Anania e Saffira, che «approfittavano della Chiesa per il proprio profitto». Attualizzando il discorso, Papa Francesco ha denunciato come personaggi del genere si trovino regolarmente «nelle comunità parrocchiali o diocesane, nelle congregazioni religiose», celandosi dietro le sembianze di «benefattori della Chiesa». Ne abbiamo visti tanti, ha detto in sostanza: «si pavoneggiavano di essere benefattori e alla fine, dietro il tavolo, facevano i loro affari». E anch'essi, naturalmente, «non sentono la Chiesa come madre». A volte non si ha la scaltrezza che il Signore dice invece di dover possedere insieme alla semplicità per saper valutare con maggiore libertà le situazioni che a volte diventano scandalose nella vita delle comunità. Quanti errori si registrano nelle comunità che si ripercuotono per anni anche su chi non centra nulla. Quante vocazioni belle, si sono spente per interessi personali. Quanti imboscati nella chiesa ci sono, che si cullano dietro ad una posizione e vivono la sicurezza di avere alle spalle una "organizzazione" che pensa al suo sostentamento.

Il Papa, a conclusione della sua omelia, ha ricordato che nella Chiesa ci sono tanti carismi, c'è una grande diversità di persone e di doni dello Spirito. «Gesù dice: nella Chiesa tu devi dare il tuo cuore al Vangelo, a quello che il Signore ha insegnato, e non avere per te un'alternativa! Il Signore ci dice: se vuoi entrare nella Chiesa», fallo «per amore, per dare tutto, tutto il cuore e non per fare affari a tuo profitto». Infatti «*la Chiesa non è una casa da affittare*» per quanti «*vogliono fare la loro volontà*»; al contrario «*è una casa per vivere*». Molto spesso la vita religiosa diventa un rifugio, una vita comoda, senza pensieri. Dimentichiamo invece che abbiamo abbracciato un carisma; abbiamo scelto uno stile di vita che ci immette nel mondo come sale e luce, come lievito per fermentare la pasta.

Non dobbiamo dimenticare che abbiamo abbracciato un carisma, un dono dello Spirito Santo. Ed è proprio questa la virtù, conclude il Papa, che ci salverà dall'essere rigidi, dall'essere «alternativisti» e dall'essere «vantaggisti» o affaristi nella Chiesa: la docilità allo Spirito Santo, colui «che fa la Chiesa». La docilità allo Spirito ci fa superare la Vergogna, ci fa evitare ogni forma di dissimulazione del Vangelo, ci permette di conservarci nella gioia di appartenere a Dio.

v. 13 "*i sani insegnamenti*": più che norma e modello, si tratterà per Timoteo di **possedere e portare** con sé ovunque, **nella sua disponibile e trasparente coscienza**, il mistero della fede, **di percepire attraverso le situazioni più disparate, ecclesiali e non, la vivacità della parola del vangelo annunciato e spiegato da Paolo**, del quale egli è depositario, quale fattore capace di dal lievito all'esistenza. Timoteo non avrà bisogno né di norme né di modelli, ma solo e sempre di **percepire la vitalità di un annuncio, l'unico in grado di condurre alla verità e di contrastare il passo a ogni controspinta**. Si tratta infatti di un annuncio sano, capace cioè di sanare, anche perché fondato su una tradizione viva.

Con questo versetto Paolo esorta Timoteo, e tutti i credenti in Cristo, a fare leva nella propria vita sul rapporto con il Signore per superare ogni ostacolo. Ciò che mai deve venire meno è questa fedeltà al Vangelo, alla vivacità della parola annunciata. Non c'è bisogno di rifugiarsi in schemi e metodi pastorali. Non dobbiamo inventare nuove strategie di evangelizzazione: dobbiamo annunciare la vitalità del vangelo; dobbiamo fare incontrare l'uomo con Cristo innamorato di ogni uomo. In questa logica cadono tutte le strategie e tutte le riduzioni di mentalità legate al successo e ai numeri. Ricordiamoci che Dio ci ha educato alla logica del "resto" (d'Israele), del rapporto "da persona a persona". Lui non ha disdegnato il contatto con nessuno: dal lebbroso alla adultera, dal fariseo al centurione. Nessuno è stato escluso e mai ha cercato il clamore delle folle. Mentre noi siamo legati al successo! Ci piace essere adulati e circondati di stima e perdiamo così di vista la "vitalità del vangelo".

Al termine di questo corso di esercizi vorrei ripartire dal primo invito che vi ho fatto nell'introduzione a questo cammino.

Dissi: "Dopo aver fatto il punto della situazione in cui ci troviamo, offriamola a Dio. Poniamo tutto nella sua misericordia e lasciamola lì per tutto il resto del cammino di questi esercizi."

Ora in questo ultimo esercizio, dovendo programmare i propositi, riprendiamo la condizione in cui siamo arrivati e rileggiamola alla luce di quanto Dio ha suggerito e decidiamo pochi e concreti propositi, magari solo uno!

Il proposito deve essere segno autentico dello Spirito, deve segnare una svolta di amore per la vita concreta. Non è un desiderio, non è un progetto, è una consapevolezza di cammino che lo Spirito ci chiede di compiere e che dobbiamo fare sotto il suo continuo aiuto. La verifica durante l'anno sarà facile. Nella preghiera invocheremo l'aiuto, nella meditazione e nella verifica di coscienza prenderemo atto del percorso di conversione fatto e torneremo in preghiera per chiedere luce per continuare il cammino per attuare il proposito che lo Spirito ci ha suggerito.

Conclusione

Un corso di esercizi spirituali è un momento di grazia a condizione che si vivano con il cuore disposto a lasciarsi rinnovare dallo Spirito Santo. Sono occasione di riflessione profonda; di rinvigorimento per il cammino di fede; di crescita nella comune chiamata alla santità.

La meta per il battezzato è la santità: «Siate santi, perché io, il Signore vostro Dio, sono santo» (Lv 19, 2) e Gesù dice «Siate perfetti come è perfetto il Padre vostro celeste» (Mt 5,48). San Paolo afferma: «Questa è la volontà di Dio, la vostra santificazione» (1Ts 4,3). Antonio Rosmini, nelle sue Massime di perfezione cristiana al n. 1 così si esprime: *«Tutti i cristiani, cioè i discepoli di Cristo, in qualunque stato e condizione si trovino, sono chiamati alla perfezione, perché sono chiamati al Vangelo, che è legge di perfezione»*[28].

La santità, dunque, non deve spaventare né essere considerata come una meta riservata a pochi privilegiati. Essa è adesione di tutto sé stesso all'Amore di Dio, il quale con la sua Grazia rende perfetta la nostra condizione umana, che pur essendo caduca è perfettibile.

In qualunque condizione e stato di vita siamo, la santità è possibile raggiungerla perché non è altro che vivere il quotidiano mettendo al centro Dio.

Papa Francesco, nella sua terza Esortazione apostolica dal titolo "Gaudete et exsultate"[29], esprime con maggiore enfasi questi concetti ed esorta ognuno con queste parole: *«Dunque, non è il caso di scoraggiarsi quando si contemplano modelli di santità che appaiono irraggiungibili. Ci sono testimonianze che sono utili per stimolarci e motivarci, ma non perché cerchiamo di copiarle, in quanto ciò potrebbe perfino allontanarci dalla via unica e specifica che il Signore ha in serbo per noi.* ***Quello che conta è che ciascun credente discerna la propria strada e faccia emergere il meglio di sé, quanto di così personale Dio ha posto in lui*** *(cfr 1 Cor 12,7) e non che si esaurisca cercando di imitare qualcosa che non è stato pensato per lui. Tutti siamo chiamati ad essere testimoni, però esistono molte forme esistenziali di testimonianza. [...]* ***Perché la vita divina si***

[28] A. Rosmini, Massime di perfezione cristiana, Città Nuova, Roma 1981

[29] Per il testo completo si veda: http://www.vatican.va/content/francesco/it/apost_exhortations/documents/papa-francesco_esortazione-ap_20180319_gaudete-et-exsultate.html#_ftn10

comunica ad alcuni in un modo e ad altri in un altro*. [...] Questo dovrebbe entusiasmare e incoraggiare ciascuno a dare tutto sé stesso, per crescere verso quel progetto unico e irripetibile che Dio ha voluto per lui o per lei da tutta l'eternità: «Prima di formarti nel grembo materno, ti ho conosciuto, prima che tu uscissi alla luce, ti ho consacrato» (Ger 1,5). [...] Per essere santi non è necessario essere vescovi, sacerdoti, religiose o religiosi. Molte volte abbiamo la tentazione di pensare che la santità sia riservata a coloro che hanno la possibilità di mantenere le distanze dalle occupazioni ordinarie, per dedicare molto tempo alla preghiera. Non è così.* ***Tutti siamo chiamati ad essere santi vivendo con amore e offrendo ciascuno la propria testimonianza nelle occupazioni di ogni giorno, lì dove si trova.*** *[...]* ***Lascia che la grazia del tuo Battesimo fruttifichi in un cammino di santità****. Lascia che tutto sia aperto a Dio e a tal fine scegli Lui, scegli Dio sempre di nuovo.* ***Non ti scoraggiare****, perché hai la forza dello Spirito Santo affinché sia possibile, e la santità, in fondo, è il frutto dello Spirito Santo nella tua vita (cfr Gal 5,22-23). Quando senti la tentazione di invischiarti nella tua debolezza, alza gli occhi al Crocifisso e digli: "Signore, io sono un poveretto, ma tu puoi compiere il miracolo di rendermi un poco migliore". Nella Chiesa, santa e composta da peccatori, troverai tutto ciò di cui hai bisogno per crescere verso la santità. Il Signore l'ha colmata di doni con la Parola, i Sacramenti, i santuari, la vita delle comunità, la testimonianza dei santi, e una multiforme bellezza che procede dall'amore del Signore, «come una sposa si adorna di gioielli» (Is 61,10)*» (GE 11-15)[30].

Queste parole di Papa Francesco credo siano di stimolo per ciascuno a non arrendersi mai e a lavorare su sé stessi per vivere la propria adesione al Signore nella quotidianità della vita. L'umanità oggi ha bisogno di credenti che testimonino la fede con gioia vivendo serenamente il quotidiano senza nascondere la propria fatica e fragilità.

Spero che le meditazioni offerte siano state di aiuto in tale direzione e lasciato nel lettore uno stimolo a vivere con gioia la fede.

[30] Per il commento alla "*Gaudete et exultate*" si veda: A. Spadaro, *Gaudete et Exsultate. Radici, struttura e significato della Esortazione apostolica di papa Francesco*, in *La Civiltà Cattolica* 169 (2018), II, 107-123

Bibliografia

La presente bibliografia riporta i documenti pontifici, le opere consultate per il commento biblico dei brani indicati per ogni meditazione e altri testi consultati per l'attualizzazione e l'approfondimento delle tematiche affrontate nel corso di esercizi spirituali proposto.

Documenti Pontifici

FRANCESCO, *Lumen Fidei*, in Acta Apostolicae Sedis (AAS) 115 (2013), 555-596

——, *Evangelii Gaudium*, in AAS 115 (2013), 1019-1137

Studi

BARBAGLIO G., *La Teologia di Paolo. Abbozzi in forma epistolare*, EDB, Bologna 2001[2]

BARRETT K., *Il vangelo di Giovanni e il giudaismo*, Paideia, Brescia 1980

BARSOTTI D., *Gesù e la Samaritana. Esegesi spirituale sul capitolo IV del Vangelo di Giovanni,* Società Editrice Fiorentina, Firenze 2006

BOSSETTI E., *Matteo. Un cammino di speranza*, EDB, Bologna 2002

BROWN R. E., *Giovanni. Commento al vangelo spirituale*, Cittadella, Assisi 1999[5]

CARVAJAL F. F., *La direzione spirituale. Come, perché per chi & da chi*, Ares, Milano 2012

CICCOTTI P., *Il discernimento spirituale. Un ritorno inaspettato?*, Cittadella, Assisi 2009

CIPRIANI S. (a cura di), *Lettere Pastorali*, in *Nuovissima Versione della Bibbia. Il Nuovo Testamento*, vol II, Paoline, Roma 1977

COSTA M., *Direzione Spirituale e Discernimento*, AdP, Roma 2009[4]

DE CARLO F., *Vangelo secondo Matteo. Nuova versione, introduzione e commento*, Collana I libri Biblici - Nuovo Testamento, Paoline, Milano 2016

DE LA POTTERIE I., *Studi di cristologia giovannea*, Marietti, Genova 1992[3]

FABRIS R., *Giovanni. Traduzione e commento*, Borla, Roma 2003[2]

FAUSTI S., *Una comunità legge il Vangelo di Matteo*, EDB, Bologna 2001

——, *Una Comunità legge il Vangelo di Giovanni*, 2 voll, EDB – Ancora, Milano 2004

GRÜN A., *L'accompagnamento spirituale nei Padri del deserto*, Paoline, Milano 2010[3]

LANCELLOTTI A. (a cura di), *Vangelo secondo Matteo*, in *Nuovissima versione della Bibbia. Il Nuovo Testamento*, Vol I, Paoline, Roma 1978

LEON-DUFOUR X., *Lettura dell'evangelo secondo Giovanni*, San Paolo, Cinisello Balsamo 2007[2]

MAGGIONI B., *La brocca dimenticata. I dialoghi di Gesù nel vangelo di Giovanni*, Vita e Pensiero, Milano 1992

——, *Era veramente uomo. Rivisitando la figura di Gesù nei Vangeli*, Ancora, Milano 2001

MAGGIONI B. – MANZI F. (a cura di), *Lettere di Paolo*, Cittadella, Assisi 2005

MANNUCCI V., *Giovanni il Vangelo narrante. Introduzione all'arte narrativa del quarto Vangelo*, EDB, Bologna 1993

MARCHESELLI-CASALE C., *Le lettere Pastorali. Le due lettere a Timoteo e la lettera a Tito*, EDB, Bologna 1995

MARCONI G., *Le donne di Giovanni. Alterità e femminino nel quarto vangelo*, Aracne, Roma 2008

MARTINI C. M. – VIGNOLO R. – MANICARDI L. – CAPITANIO R., *L'accompagnamento spirituale*, Ancora, Milano 2007

MATEOS J. – BARRETO J., *Il Vangelo di Giovanni. Analisi linguistica e commento esegetico*, Cittadella, Assisi 2004.

MELLO M., *Atleta di Cristo. Le metafore agonistiche in San Paolo*, Arte Tipografica Editrice, Napoli 2011

MENDIZÁBAL L. M., *La direzione spirituale. Teoria e pratica*, EDB, Bologna 1990

MERCATALI A. – GIORDANI B., *La direzione spirituale come incontro di aiuto*, La Scuola Editrice, Brescia 1987[2]

MERTON T, *Direzione spirituale e meditazione*, Edizione Messaggero, Padova 2005

MOLONEY F. J., *Il Vangelo di Giovanni*, Collana Sacra Pagina vol 4, Elledici, Leumann 2007

NOUWEN H. J. M., *La direzione spirituale. Sapienza per il lungo cammino della fede*, Queriniana, Brescia 2007

PANIMOLLE S. A., *Lettura pastorale del Vangelo di Giovanni*, 3 voll, EDB, Bologna 2002

PASQUETTO V., *In Comunione con Cristo e con i Fratelli. Lessico antropologico del Vangelo e delle Lettere di Giovanni*, Edizioni Teresianum, Roma 2001

PENNA R., *Lettera agli Efesini. Introduzione, versione e commento*, EDB, Bologna 2001

PERETTO E. (a cura di), *Lettera dalla prigionia*, in *Nuovissima Versione della Bibbia. Il Nuovo Testamento*, vol II, Paoline, Roma 1977

RADERMAKERS J., *Lettura pastorale del Vangelo di Matteo*, EDB, Bologna 1974

ROMANELLO S., *Lettera agli Efesini*, Collana I Libri Biblici - Nuovo Testamento, Paoline, Milano 2003

ROSSANO P. (a cura di), *Lettere ai Corinzi*, in *Nuovissima Versione della Bibbia. Il Nuovo Testamento*, vol II, Paoline, Roma 1977

RUPNIK M. I., *Il discernimento*, Lipa, Roma 2004

SEGALLA G. (a cura di), *Vangelo secondo Giovanni*, in Nuovissima versione della Bibbia. Il Nuovo Testamento, Vol I, Paoline, Roma 1978

SCHNACKENBURG R., *Tutto è possibile a chi crede. Discorso della Montagna e Padrenostro nell'intenzione di Gesù*, Paideia, Brescia 1989

SKA J. L., *Cose nuove e cose antiche (Mt 13,52). Pagine scelte del Vangelo di Matteo*, EDB, Bologna 2004

SOVERNIGO G., *Le dinamiche personali nel discernimento spirituale. Elementi di psicologia della pastorale*, Edizioni Messaggero, Padova 2010

VANNI U. (a cura di), *Lettera ai Romani*, in *Nuovissima Versione della Bibbia. Il Nuovo Testamento*, vol II, Paoline, Roma 1977

ZEVINI G., *Commenti Spirituali del Nuovo Testamento. Vangelo secondo Giovanni*, 2 voll, Città Nuova, Roma 1987

Indice

Printed by Books on Demand GmbH, Norderstedt / Germany